BIBLIOTECA MARTINS FONTES

O Cid
Horácio
Polieucto

Corneille *1606 †1684

O Cid
Horácio
Polieucto

Corneille

Tradução
Jenny Klabin Segall

Martins Fontes
São Paulo 2005

Títulos dos originais franceses:
LE CID, HORACE e POLYEUCTE.
Copyright © 2005, Livraria Martins Fontes Editora Ltda.,
São Paulo, para a presente edição.

1ª edição
2005

"O Cid" e "Horácio" foram publicados por Livraria Martins Editora em 1965.
"O Cid" foi publicado isoladamente por Edições de Ouro em 1966.
"Horácio" foi publicado isoladamente por Edições de Ouro em 1966.
"Polieucto" (publicado juntamente com "Fedra", "Ester" e "Atália")
foi publicado por Livraria Martins Editora em 1970.

Tradução
JENNY KLABIN SEGALL

Acompanhamento editorial
Luzia Aparecida dos Santos
Revisões gráficas
Luzia Aparecida dos Santos
Maria Luiza Favret
Dinarte Zorzanelli da Silva
Produção gráfica
Geraldo Alves
Paginação
Moacir Katsumi Matsusaki

Dados Internacionais de Catalogação na Publicação (CIP)
(Câmara Brasileira do Livro, SP, Brasil)

Corneille, Pierre, 1606-1684.
  O Cid ; Horácio ; Polieucto / Corneille ; tradução Jenny Klabin Segall. – São Paulo : Martins Fontes, 2005. – (Biblioteca Martins Fontes)

  Título original: Le Cid ; Horace ; Polyeucte.
  ISBN 85-336-2203-1

  1. Corneille, Pierre, 1606-1684 – Crítica e interpretação 2. Teatro francês I. Título. II. Título: Horácio. III. Título: Polieucto. IV. Série.

05-7004   CDD-842

Índices para catálogo sistemático:
1. Teatro : Literatura francesa 842

Todos os direitos desta edição para a língua portuguesa reservados à
Livraria Martins Fontes Editora Ltda.
Rua Conselheiro Ramalho, 330 01325-000 São Paulo SP Brasil
Tel. (11) 3241.3677 Fax (11) 3101.1042
e-mail: info@martinsfontes.com.br http://www.martinsfontes.com.br

ÍNDICE

Apresentação da 1.ª edição   IX
Nota à presente edição   XI

O Cid   1
Horácio   101
Polieucto   187

APRESENTAÇÃO DA 1ª EDIÇÃO

A vasta e desigual obra que Corneille nos legou apresenta uma multivariedade de modos e tons, gêneros e técnicas a exigir do crítico diversos critérios de apresentação.

Renovando-se constantemente, ele percorreu, nem sempre com o mesmo brilho, a comédia, a comédia heróica, a tragédia-*ballet* e a tragédia propriamente dita. De outro lado, sobrevivendo à sua geração, ele se arrastou penosamente nessa sua sobrevida artística, fazendo concessões canhestras às novas modas literárias. E o seu duelo intelectual com Racine não lhe deixou crédito. Mas nem a história do teatro nem a da literatura francesa poderão por isso apequenar o imortal criador de algumas obras-primas da tragédia clássica.

Exatamente duas dessas obras-primas – *O Cid* e *Horácio* – pela primeira vez acessíveis ao público ledor da língua portuguesa – acham-se reunidas neste volume, terceiro das traduções integrais de Jenny Klabin Segall, a qual se tem dedicado à divulgação das obras-primas do teatro clássico universal, em traduções em verso de cujo valor fazem fé unânimes vozes da crítica literária sobre obras anteriormente editadas. Depois de algumas comédias em que, ao lado das naturais insuficiências do estreante, já se prenunciavam as qualidades do verdadeiro artista, depois da tragicomédia *Clitandre* e da comédia *L'Ilusion Comique*, Corneille toma consciência de seu verdadeiro gênio, encontra seu verdadeiro instrumental no contato direto com o drama espanhol. Antigo aluno dos jesuítas em Rouen, foi enorme na sua formação o fascínio que lhe deixaram os escritores latinos de origem espanhola: Sêneca e Lucanus. A honra espanhola, romanesca, eloqüente e exaltada revelou ao poeta o tipo de humanidade ao qual confusamente aspirava. Inspirando-se diretamente em *Mocedades del Cid* de Guilhem de Castro, Corneille compôs a primeira tragédia da literatura francesa e das maiores de todo teatro o clássico. A mesma *hispanidad*, contemporaneamente, deu ao teatro de França uma peça de grande beleza que é *Le Maître de Santiago*, de Montherland.

Três anos após o sucesso do *Cid*, Corneille envereda pelo mundo romano. Depois da honra castelhana, a grandeza romana em todos os seus paroxismos. E surge então *Horácio*, a que se seguem estrategicamente *Cinna* e *Polyeucte*. *Horácio* é de 1640, ano do casamento de Corneille com Mlle. de Lampérière e época de fastígio do Hotel de Rambouillet.

Do *Cid* a *Polyeucte* está marcado o caminho do apogeu. O que não quer dizer que depois Corneille não compusesse peças de grande categoria como *Nicodème*, *Psyché* e *Suréna*. Mas em nenhum desses momentos se reencontrariam o imenso talento e o gênio criador que marcaram a luminosa carreira de Pierre Corneille entre 1637 e 1643.

NOTA À PRESENTE EDIÇÃO

O objetivo desta edição foi republicar as famosas traduções de Jenny Klabin Segall de obras do Teatro Clássico francês. As primeiras datam dos anos 30 e tiveram mais de uma edição.

Trata-se de uma obra única. Guilherme de Almeida afirma no prefácio à primeira edição que Jenny Klabin não se limitou a "traduzir", fazendo muito mais: "'reproduziu', quer dizer 'produziu de novo', sentindo, pensando e dizendo como, onde, por que e quando Molière sentiu, pensou e disse". Em vista disso, obrigamo-nos a reproduzir, sem alterações, o texto original.

As edições utilizadas, fornecidas por Maurício Segall, a quem agradecemos, foram as da Martins Editora. Nosso trabalho de revisão limitou-se à correção de alguns erros claros de composição e à atualização ortográfica. Foram mantidas a pontuação e a seqüência do texto.

Nos casos em que as divisões do texto de Jenny Klabin Segall não coindiciam com as das edições francesas consultadas, mantivemos sempre a ordem proposta pela tradutora.

O Editor

O CID
TRAGÉDIA EM CINCO ATOS

PERSONAGENS

DOM FERNANDO	*primeiro rei de Castilha*
DONA URRACA	*infanta de Castilha*
DOM DIOGO	*pai de Dom Rodrigo*
DOM GOMEZ	*conde de Gormaz, pai de Ximena*
DOM RODRIGO	*filho de D. Diogo e amante de Ximena*
DOM SANCHO	*apaixonado por Ximena*
DOM ARIAS } DOM ALONSO }	*gentis-homens castelhanos*
XIMENA	*filha de Dom Gomez*
LEONOR	*aia da infanta*
ELVIRA	*aia de Ximena*
Um pajem da infanta	

Cena em Sevilha.

PRIMEIRO ATO

Cena I

XIMENA, ELVIRA

XIMENA
Elvira, a narração que fizeste é acurada?
Do que disse meu pai, não disfarçaste nada?

ELVIRA
O agrado do que ouvi ainda paira comigo:
E, tanto quanto o amais, estima dom Rodrigo;
Se não me equivoquei em julgar-lhe a intenção,
Há de vos ordenar de lhe aceitar a mão.

ELVIRA
Repete ainda uma vez, no encanto desta nova,
O que te leva a crer que a minha escolha aprova;
Em que devo fundar essa grata esperança?
De ouvir discursos tais meu amor não se cansa;
E pressagiar demais não pode ele a alegria

De livremente expor-se, enfim, à luz do dia.
Sobre a secreta intriga, o que opinou ali,
Que opõe dom Sancho a dom Rodrigo, junto a ti?
Não deste a conhecer que anseios desiguais
Me inclinam para um lado entre esses dois rivais?

ELVIRA
Não, vossa alma pintei numa tranqüila estima,
Que, de nenhum dos dois, o auspício anula ou anima,
E que, sem um olhar mais brando ou rigoroso,
Aguarda só de um pai a escolha de um esposo.
Por demais o encantou desse respeito o cunho,
E disso logo deu o grato testemunho;
E para repetir a minha narração,
À pressa, ele de vós e deles disse então:
"Ela está no dever, ambos são dignos dela,
Sangue nobre e brioso em ambos se revela,
Jovens, mas vê-se logo, em seu olhar e voz,
A virtude sem-par de gloriosos avós.
Mormente Dom Rodrigo, em seu semblante a imagem

Do valor, só, reflete, e da incomum coragem,
E de um ramo ele sai, em heróis tão fecundo,
Que em meio de lauréis já nascem para o mundo.
Nos tempos de seu pai, de mil proezas sem-par,
Enquanto forças teve, a história é de assombrar.
Gravaram-lhe na fronte as rugas fundas trilhas,
Que evocam do passado o rol de maravilhas.
O que o pai foi rever no filho é o meu pensar;
E minha filha pode amá-lo, e me agradar."

O Cid

Tinha de ir ao Conselho, e a hora que o apressava,
Cortou essa oração que apenas iniciava.
Mas, em seu curto teor, não julguei hesitante
O juízo em que se encontra entre um e outro amante.

Dá um governador, o rei, hoje, ao seu filho,
E vai caber, dessa honra, a vosso pai o brilho;
Dúvidas já não há; da fama a aura extrema
Faz com que concorrência alguma em tal se tema.
E, já que glórias mil o deixam sem igual,
Também no justo auspício, há de ser sem rival.
No mais, a dom Rodrigo o seu pai prometeu
Ao sair da sessão tratar desse himeneu;
Julgai como é aí de bom augúrio o ensejo,
E se em breve vereis satisfeito o desejo.

Ximena
Não sei dizer por quê: mas minha alma confusa
A tal satisfação com temor se recusa.
Da sorte, um nada, já, muda a face, e ao invés
De uma grande ventura, eu temo um grão revés.

Elvira
Vereis esse temor felizmente frustrado.

Ximena
Vamos. Haja o que houver, se aguarde o resultado.

Corneille

Cena II

A Infanta, Leonor, Um Pajem

A Infanta

Pajem, ide advertir Ximena nesta hora
Que hoje, para vir ver-me, algo demais demora:
Meu afeto se queixa ao vê-la tão tardia.

Leonor

Senhora, anseio igual sentis de dia em dia,
E levais cada dia o colóquio ao teor
De indagar do andamento em que está seu amor.

A Infanta

Tenho razões; por mim se viu quase forçada
À chama cujo lance a deixa traspassada;
Ela ama dom Rodrigo, e é por mim que ela o tem,
E por mim lhe venceu dom Rodrigo o desdém;
Das cadeias desse par tendo eu forjado os elos,
Devo tentar levar a bom fim seus anelos.

Leonor

Mas, senhora, por que, em tão grato sucesso,
Demonstrais um pesar que chega até ao excesso?
A chama que cumula esses dois de alegria
Em vosso magno peito uma tristeza cria?
E o generoso ardor com que a fé lhes nutris,
Quando felizes são, a vós deixa infeliz?
Mas demais me adiantei, é mostrar-me indiscreta.

O Cid

A Infanta

Redobra-me a tristeza o tê-la assim secreta.
Escuta, ouve afinal quanto lutar eu pude,
Tem-me dó da fraqueza e admira-me a virtude.
Sim, é um tirano o amor que não poupa a ninguém.
O amante de quem fiz eu mesma o dom, é a quem
Eu amo.

Leonor

    Vós o amais!

A Infanta

         Sente meu coração,
Ao nome que o venceu, ouve-lhe a agitação.
Não o nega.

Leonor

    Perdoai, minha princesa e ama,
Eu sair do respeito ao censurar tal flama.
Como! uma infanta real trair-se por inteiro,
E em sua alma admitir um mero cavaleiro!
E que diria o rei? que diria a Castilha?
Senhora, acaso não lembrais de quem sois filha?

A Infanta

Lembro-o, já que o meu sangue esparziria aqui,
Antes de desmentir aquele em que nasci.
Pòdia argüir que o amor, numa alma de alto escol,
Do mérito em si só, pode alentar o sol;
E, se excusar quisesse agora a minha chama,

De exemplos mil citava a imorredoura fama.
Mas não quero seguir os que a glória me ultrajem;
Dos sentidos o ardor não me abate a coragem;
Sei, de filha de rei ostentando a alta marca,
Ser indigno de mim todo outro que um monarca.
Ao ver minha alma inerme em seu transe infeliz,
Do que eu ter não ousava, o dom eu mesma fiz,
E induzindo Ximena e Rodrigo a esse enlace,
Seu fogo ateei a fim de que o meu se apagasse.
Não te surpreenda pois, neste dilema meu,
Que com tanta impaciência aguarde esse himeneu,
Já vês que o meu sossego hoje dele decorre.
De esperança o amor vive, e morrendo essa, morre.
É um fogo que se extingue à falta de alimento;
E por mais que me inflija esse amor seu tormento,
Ximena obtendo enfim Rodrigo por marido,
Nada espero, e em mim sara o espírito ferido.
Mas por incrível transe é que passo, entretanto,
É-me, até esse himeneu, Rodrigo da alma o encanto.
Trabalho por perdê-lo, e só com mágoa o perco,
E é o que me aperta mais da dor no peito o cerco.
Vejo com aflição do amor o injusto empenho
Em pôr-me a suspirar por algo que desdenho;
Divide-se meu ser. Do meu valor as asas
Voam alto, mas está meu coração em brasas.
Esta união me é fatal: quanto a temo, é que a almejo;
Só de um gozo imperfeito há de me ser ensejo.
E da glória e do amor sentindo o afã sem-par,
Morro se realizar-se, ou não se realizar.

O Cid

Leonor
Senhora, depois disso, eu nada mais vos digo,
A não ser que convosco anseia um peito amigo
Se antes vos censurei, agora eu vos lamento:
Mas já que em tão cruciante e sedutor tormento
Reage ao seu encanto espírito tão alto,
A rejeitar-lhe o engodo e repelir-lhe o assalto,
À vossa agitação há de seguir-se a calma.
Tudo esperai do tempo e de vossa própria alma:
Tudo do céu; do qual negar-se-á o justo auspício,
A que gema a virtude em tão longo suplício.

A Infanta
Só a perda da esperança é o que a minha alma implora.

Pajem
Ximena se apresenta à vossa ordem, senhora.

A Infanta
(*a Leonor*)
Vai; nessa galeria entretém-lhe a conversa.

Leonor
Quedar-vos-eis, senhora, em cismas tais imersa,
E a sós?

A Infanta
Não, quero só, malgrado o meu desgosto,
Recompor com mais calma a agitação do rosto.
Seguir-te-ei já.

(*só*)
Ó céu, de quem alívio aguardo!
Põe um limite enfim aos tormentos em que ardo,
Sim, firma o meu repouso e minha honra assegura.
Só na ventura alheia é que busco a ventura.
Esse himeneu de três há de firmar a sorte:
Torna-o efetivo, ou torna a minha alma mais forte.
Unir aqueles dois num laço conjugal,
É romper meus grilhões e terminar meu mal.
Mas tardo algo demais. Vamos ter com Ximena,
E num colóquio amigo aliviar nossa pena.

Cena III

O Conde, Dom Diogo

O Conde
Vencestes, e do rei vos alça a graça enfim
À magna distinção devida só a mim.
Governador vos faz do herdeiro de Castilha.

Dom Diogo
Esse ato com que o rei honrou minha família,
Mostra a todos que é justo, e o brilho assinalado
Com que sabe premiar serviços do passado.

O Conde
Por grande que um rei seja, é como nós humano:
Como outro homem também, passível é de engano;

O Cid

E prova tal escolha aos cortesãos demais,
Que não sabe pagar os serviços atuais.

Dom Diogo

Deixemos de falar na escolha que vos ira;
Com o mérito, talvez, o favor nela influíra.
Mas faz-se, na obediência ao poder real, mister
Em nada examinar-se aquilo que um rei quer.
A essa honra acrescentai, pois, vós, de uma outra a fiança;
Unamos minha casa e a vossa em santa aliança.
Rodrigo ama Ximena, e de seu fundo afeto
Este alvo tão condigno é o mais querido objeto.
A isso acedei, senhor; por genro recebei-o.

O Conde

A partido mais alto há de aspirar seu seio.
E ao novo resplandor de vossa dignidade,
Esse filho encher-se-á de uma nova vaidade.
Com o príncipe ide ter, é ao que o rei vos elege;
Mostrai como um soldado uma província rege,
Como assujeita um povo a seu comando augusto,
Influi amor nos bons, e os maus enche de susto;
Ostentai dons marciais, dos que um bom chefe exerce:
Em lida árdua exibi como há de enrijecer-se;
A ser rival de Marte haveis de exercitá-lo,
Passar dias sem fim e noites a cavalo,
Repousar sob o arnês, forçar uma muralha,
Dever só a si mesmo o triunfo da batalha:
Com o vosso exemplo o instruí, tornai-o assim perfeito,
E à vista demonstrai-lhe as lições pelo efeito.

Corneille

Dom Diogo

Sem embargo da inveja, exemplos mil de glória
Orientá-lo-ão ao ler de minha vida a história.
Em longa trama, ali, de intrépidas ações,
Verá o que se faz para domar nações,
Redutos conquistar, comandar uma armada,
E edificar à luz das proezas a nomeada.

O Conde

Pois tem, do exemplo vivo, outro efeito o poder.
Nos livros não aprende um príncipe o dever.
De tão longa era, aliás, todo o feito, o que vale?
Algo há, que um dia meu, acaso, não iguale?
Se fostes valoroso, o sou presentemente;
Não tem braço mais firme, o reino, que o sustente.
Treme Aragão, Granada, assim que este aço brilha,
E é de meu nome o som baluarte da Castilha.
Seríeis já, sem mim, submissos a outras leis,
E inimigos do país seriam vossos reis.
Cada hora em cada dia, a alçar-me mais a glória,
Lauréis junta a lauréis, vitória após vitória:
O príncipe, ao meu lado, havia a cada passo
De provar seu valor à sombra de meu braço;
Instruí-lo-ia a vencer o meu exemplo ativo;
E para incentivar-lhe o gênio audaz e altivo…

Dom Diogo

Sei. Bem servir o rei é a vossa glória e mira.
Sob ordens minhas, já, em cem lutas vos vira:
E, quando a idade em mim esparramou seu gelo,

O Cid

Preencheu meu lugar vosso valente zelo.
Supérfluas discussões aposentemos, pois:
O que eu outrora fui, é o que vós, hoje, sois.
Mas vemos, ainda assim, como é que apõe a marca
De um valor desigual, entre nós, um monarca.

O Conde

Era a que eu merecia e é aquela que lucrais.

Dom Diogo

Quem nisso vos venceu, o merecia mais.

O Conde

Quem o exercer melhor, mais digno é de tal dom.

Dom Diogo

Vê-lo negado assim não é um sinal bom.

O Conde

Ganhou a intriga, aqui, de um velho cortesão.

Dom Diogo

Meus altos feitos, só, os meus aliados são.

O Conde

Melhor se diga, o rei à idade a honra concede.

Dom Diogo

O rei pelo valor, ao conferi-la, a mede.

O Conde
Por tal cabia o prêmio a meu braço e desvelo.

Dom Diogo
Quem não o pôde obter, não pôde merecê-lo.

O Conde
Não o merecia! eu?

Dom Diogo
Vós.

O Conde
Velho temerário,
Esta tua impudência há de ter seu salário.
(dá-lhe uma bofetada)

Dom Diogo
(pondo a mão na espada)
Termina! minha morte injúria tal desconte,
Primeira a enrubescer de minha raça a fronte!

O Conde
Que fará quem destarte o fraco corpo arrasta?

Dom Diogo
Deus! trai-me em transe tal a minha força gasta!

O Conde
Teu ferro é meu, porém te tornarias vão,
Se com tão vil troféu eu carregasse a mão.

O Cid

Ao príncipe dá a ler, grava-lhe na memória,
Sem embargo da inveja, a tua vida e história;
E a justa punição de um discurso insolente,
Com o merecido brilho o relato ornamente.

Cena IV

Dom Diogo

Oh raiva, oh desespero! oh peso vil da idade!
Tanto vivi tão-só para essa indignidade?
E em mil lidas de guerra embranqueci, tão-só,
Para ver meus lauréis num dia feitos pó?
Meu braço, do respeito e amor da Espanha o alvo,
Pelo qual tanta vez se viu o império salvo,
Que tanta vez firmou do rei vitória e paz,
Deserta minha causa, e por mim nada faz?
Ó lembrança cruel de uma glória passada!
De mil dias num dia a obra toda apagada!
Dignidade fatal com que hoje o rei me abona!
Cimo abismal, do qual minha honra desmorona!
Devo ver como o conde em tal lustre se enfronha,
E morrer sem vingança, ou viver na vergonha?
Sim, sê governador de meu príncipe, conde!
A quem a honra perdeu, a honra não corresponde;
Esse ultraje cruel que a tua inveja sela,
Malgrado a escolha real, tornou-me indigno dela.
E tu, de feitos mil tão glorioso instrumento,
Mas de um corpo de gelo inútil ornamento,
Ferro antes tão temido, e que hoje em negra empresa

Serviu só de parada, e não me foi defesa,
Como o último, o mais vil dos homens te abandono;
Passa, para vingar-me, às mãos de melhor dono.

Cena V

DOM DIOGO, DOM RODRIGO

DOM DIOGO

Rodrigo, ânimo tens?

DOM RODRIGO

A outro que não meu pai,
Prová-lo-ia eu tão já.

DOM DIOGO

Digna ira, que subtrai
De minha injúria o fel, e de doçura o cobre!
Reconheço meu sangue em cólera tão nobre;
Revivo, moço, ao ver ardência à ação tão pronta;
Vem, filho e sangue meu, lavar a atroz afronta;
Vem me vingar.

DOM RODRIGO

De quê?

DOM DIOGO

De um ultraje fatal.
Com que a honra de ambos nós sofre um golpe mortal;

O Cid

De um bofetão. Já houvera a vida ao mau custado;
Mas foi-me pela idade o arremesso frustrado;
E a espada à qual meu braço impotente se nega,
Ao teu, para a vingança e a punição se entrega.
Vai, prova o teu valor; contra o arrogante, reage!
Lava-se em sangue, só, um tão cruento ultraje;
Morre, ou mata. Ademais, naquilo não te iludo,
Quem hás de combater temível é em tudo.
Coberto quanta vez o vi de sangue e poeira,
Espalhar o terror entre uma armada inteira,
Romper cem esquadrões. Mas vou dizer-te mais:
Mais do que capitão afeito a proezas tais,
Mais que oficial sem-par e herói em toda arena,
É...

Dom Rodrigo
Por mercê, falei.

Dom Diogo
É o pai de Ximena.

Dom Rodrigo
É...

Dom Diogo
Não repliques, não. Sei. Mas por mais que se ame,
Digno da luz não é quem vive como infame;
Mais caro é o ofensor, mais pesa na balança
A ofensa. A injúria ouviste, e em mãos tens a vingança:
Nada te digo mais. Vinga-te a ti e a mim;

Prova, de um pai como eu, ser digno filho afim.
No opróbrio em que hoje quis a sorte que me extinga,
Vou deplorá-la. Vai, corre, e a ambos nós, nos vinga!

Cena VI

DOM RODRIGO
Até a funda alma traspassado
Por um golpe imprevisto a que o ser se rebela,
Mísero vingador de uma justa querela,
E de um rigor injusto objeto infortunado,
Eu me quedo, a deixar que minha alma se abata
 Com o golpe que me mata.
 Já quase a ver meu fogo compensado,
  Ó céu, que estranha é a pena!
 Em tal ofensa é meu pai o ultrajado,
 E o ofensor é o pai de Ximena!

 Por que rudes lutas não passo!
Agir contra a minha honra o meu amor garante:
Devo vingar um pai, e perder uma amante.
Um me anima o valor, retém-me o outro o braço.
Trair a minha fé — da escolha é esse o ditame —
 Ou viver como infame.
 Mal infinito, em que um a outro se reúne;
  Ó céu, que estranha é a pena!
 Devo deixar um tal ultraje impune?
 Devo punir eu o pai de Ximena?

O Cid

    Lei dura, amável tirania,
Pai, honra, amante, amor: um meus prazeres frustra,
E, no outro, de meu nome a glória se deslustra.
Um me torna infeliz, indigno o outro, do dia.
Esperança cruel de uma alma generosa,
        Mas a um tempo amorosa,
    Tu, inimigo de meu doce agrado,
        Ferro, autor dessa pena,
    Por vingar a honra é que me foste dado?
    Foste-me dado por perder Ximena?

    Mais vale correr ao trespasso.
Devo-me à minha amada assim como a meu pai;
Minha vingança o ódio e a cólera lhe atrai;
Atraio o seu desdém, se não vingar-me o aço.
À mais doce esperança infiel um me revela,
        E indigno, o outro, dela.
    Dobra-me o mal, querê-lo socorrer.
        Tudo me aumenta a pena.
    Vamos, minha alma; e tendo eu de morrer,
    Que eu morra, sim, sem ofender Ximena.

    Morrer, sem que justiça faça!
Buscar trespasso assim mortal à minha glória,
Tolerar que me impute a Castilha à memória
Não ter eu sustentado a honra de minha raça!
Respeitar um amor de que a alma transtornada
        Vê a perda assegurada!
    Pensar traiçoeiro, a alçar ainda a extremos
        O error de minha pena!

Vamos, meu braço, e a nossa honra salvemos,
Já que é fatal perder minha Ximena.

   Sim, foi da mente erro tremendo.
À amada, não; a um pai me devo e à sua defesa:
Que eu morra em tal combate, ou morra de tristeza,
O sangue que lhe herdei, imaculado rendo.
Culpado é que eu já fui de pô-lo na balança;
      Corramos à vingança;
   E no rubor de ter tanto hesitado,
      Se esvaia agora a pena;
Já que é meu pai neste dia o ultrajado,
   Se o ofensor é o pai de Ximena.

SEGUNDO ATO

Cena I

Dom Arias, o Conde

O Conde
Meu sangue demais vivo, entre nós o confesso,
Ferveu a uma palavra, e inflamou-se em excesso.
Mas o feito está feito, e é sem remédio o mal.

Dom Arias
Deve esse magno ardor ceder à ordem real.
O rei na causa é parte, e vai seu desprazer,
Proceder contra vós com seu pleno poder.
Tampouco tendes vós legítima defesa;
A fama do ofendido, e da ofensa a grandeza,
Exigem na ocasião gestos e submissões
Muito além do comum de tais satisfações.

O Conde
Pode à vontade o rei dispor de minha vida.

Dom Arias
Segue-se à vossa falta ainda ardência indevida.
O rei vos tem estima; impõe-se que o abrandeis;
Disse ele: "Quero!", e vós, desobedecereis?

O Conde
Contanto que ao meu nome e a mim mesmo ainda estime,
Desobediência tal não é tão grande crime;
E fosse ele maior, meus serviços presentes
São, para o abolir, mais do que suficientes.

Dom Arias
Por mais que a ilustre altura os seus feitos eleve,
A um súdito seu rei em nada contas deve.
Iludis-vos, senhor, e já o deveis saber,
Servir bem ao seu rei é cumprir com o dever.
Poderá vos perder o excesso de confiança.

O Conde
Só depois da experiência a tal darei fiança.

Dom Arias
Temei que do monarca o poder vos deserde.

O Conde
A um homem como eu, um dia só não perde.
Seja o seu poder todo ao meu suplício armado,
Tendo eu que perecer, perece todo o Estado.

O Cid

Dom Arias
Não temeis a absoluta autoridade, então?

O Conde
De um cetro que sem mim cair-lhe-ia da mão.
Tem demais interesse ele em minha pessoa,
Tombando-me a cabeça, arrastar-lhe-á a coroa.

Dom Arias
Permiti que a razão vosso ardor desanime;
Conselhos não negueis.

O Conde
No meu já decidi-me.

Dom Arias
Que digo ao rei? Mister se faz que a par o ponha.

O Conde
Que não endossarei jamais minha vergonha.

Dom Arias
Lembrai que um rei quer fruir o seu poder total.

O Conde
A sorte assim o quis. Já não se fale em tal.

Dom Arias
Não vos persuado. Adeus, com pesar me retraio.
Apesar dos lauréis, temei que caia o raio.

CORNEILLE

O CONDE
Sem medo o aguardarei.

DOM ARIAS
　　　　　　　Porém não sem efeito.

O CONDE
Por tal veremos, pois, dom Diogo satisfeito.
　　　　　　(fica só)
Não ter temor da morte, é não temer-se ameaças.
Meu peito paira além das piores desgraças;
E podem reduzir-me a uma vida aflitiva,
Mas jamais resolver-me a que sem honra viva.

Cena II

O CONDE, DOM RODRIGO

DOM RODRIGO
Conde, um instante, aí.

O CONDE
　　　　Fala.

DOM RODRIGO
　　　　　　　　　　Uma dúvida houve.
Sabes quem é dom Diogo?

O Cid

O Conde
O sei.

Dom Rodrigo
                    Fala baixo; ouve.
Sabes que da virtude era o expoente esse ancião;
Dos tempos dele a glória e o orgulho, o sabes, não?

O Conde
Talvez.

Dom Rodrigo
    Esse fulgor que o meu olhar comporta,
Sabes que é o seu sangue? o sabes?

O Conde
                                    Que me importa?

Dom Rodrigo
A alguns passos daqui, disso hei de te dar parte.

O Conde
Fanfarrão juvenil!

Dom Rodrigo
            Fala sem exaltar-te.
Sou jovem, sei; mas quem deriva de altos planos,
Não mede o seu valor pelo total dos anos.

Corneille

O Conde
Medires-te comigo! e quem te fez tão vão,
Tu, a quem não se viu jamais de armas na mão!

Dom Rodrigo
A pares meus se impõe que o aço de vez se adestre,
E, por golpe inicial, querem golpes de mestre.

O Conde
Sabes quem sou?

Dom Rodrigo
       Sei, sim; e a todo outro o rumor
De teu nome, talvez, já enchesse de pavor.
Nas palmas com que a fronte exibes tão coberta,
Parece estar gravada a minha perda certa.
Mas sem temor ataco um vencedor lendário:
Dar-me-á o meu valor forças contra o adversário.
A quem vinga o seu pai, já nada é impossível;
Teu braço invicto é, mas não é invencível.

O Conde
Expõe-se em tal discurso a bravura e a altivez
Que meu olhar no teu pôde ler tanta vez;
E, crendo ver em ti a glória da Castilha,
Minha alma com prazer te unia à minha filha.
De tua chama eu sei, e me deleita ver
Que a voz do coração se cala ante o dever,
Que o varonil ardor em ti não desanima,
E que virtudes tens, a par de minha estima,

O Cid

E que ao querer por genro um fidalgo perfeito,
Na escolha não errei que havia de ti feito.
Mas, piedade por ti sinto, e solicitude;
Admiro o teu valor; dói-me tua juventude.
Não tentes estrear com um golpe fatal;
Dispensa meu valor de luta desigual;
Trar-me-ia prêmio algum essa fácil vitória.
O vencer sem perigo é triunfar sem glória.
Diriam eu te ter prostrado sem esforço;
E de teu fim tão-só lucraria o remorso.

Dom Rodrigo
Quê! segue um dó indigno a uma injúria atrevida!
Quem me ousa a honra tirar, teme tirar-me a vida!

O Conde
Retira-te daqui.

Dom Rodrigo
Vamos, sem discorrer.

O Conde
Da vida farto estás?

Dom Rodrigo
Tens medo de morrer?

O Conde
Vem, fazes teu dever. Degenera o rebento
Que, à honra de seu pai, sobrevive um momento.

CORNEILLE

Cena III

A INFANTA, XIMENA, LEONOR

A INFANTA

Minha Ximena, amaina, amaina o teu pesar;
Firma a constância em ti neste golpe de azar;
Retornará a calma após a tempestade;
Leve nuvem turvou a tua felicidade,
Mas nada se perdeu por diferir-se a cousa.

XIMENA

Minha alma em desespero esperar já não ousa.
Súbito temporal em mar calmo, preságio
Fatal em si contém do infortúnio e naufrágio;
Ah, céus, pereço ao ver o porto, já, de bordo;
Amava e era amada, e os nossos pais de acordo,
Corria a dar a nova a vossa índole amiga,
No instante em que nascia a sua infausta briga,
De que o fatal relato, assim que vos foi feito,
Da mais doce esperança arruinou todo o efeito.
Ah, maldita ambição, detestável mania,
De que os de mais valor sofrem a tirania!
Honra cruel, mortal a meus prazeres, quantos
Suspiros vais custar-me e amargurados prantos!

A INFANTA

Não vejas nesse atrito objeto de tormento:
Num momento à luz veio, apagá-lo-á um momento.
Demais rumor causou para que não se acordem;

O Cid

O próprio rei já deu de se comporem a ordem;
E sabes que minha alma, à tua dor sensível,
Fará, para estancar-lhe a fonte, até o impossível.

Ximena

No ponto em que isso está, conciliações não valem:
Não podem reparar-se afrontas que a honra abalem.
É em vão que aí se faz valer força ou prudência;
E, curando-se o mal, é tão-só na aparência.
O ódio que os corações conservam de um insulto,
Tanto mais bravo é, quanto mais é oculto.

A Infanta

O laço que unirá Ximena e dom Rodrigo,
Livrará do rancor um e outro pai imigo.
Veremos triunfante o vosso amor na luta,
E num grato himeneu findar-se essa disputa.

Ximena

Almejo-o mais que o espero; é que me falha a fé:
Demais dom Diogo é altivo e eu sei quem meu pai é.
Sinto o pranto a correr, que reter não consigo;
Choro o passado, e temo um porvir inimigo.

A Infanta

Mas temes de um ancião, hoje, a decrepitude?

Ximena

Rodrigo brios tem.

CORNEILLE

A INFANTA
Tem demais juventude.

XIMENA
Os homens de valor logo de início o são.

A INFANTA
No entanto, não te cabe a ti temer-lhe a ação;
Demais ele te quer para que a alma te fira,
E uma palavra tua há de apagar-lhe a ira.

XIMENA
Se não me obedecer, ah, que auge de aflição!
E, se me obedecer, dele o que não dirão!
Sendo o que é, tolerar o ultraje sem que o puna!
Ceda ou falhe ao que manda a amorosa fortuna,
Minha alma há de se ver na vergonha ou confusa,
Com o excesso de respeito, ou a lídima recusa.

A INFANTA
Ximena é altiva, e fira os próprios sentimentos,
Não pode tolerar indignos pensamentos.
Mas, se até que se firme o acordo por inteiro,
Desse amante exemplar fizer meu prisioneiro,
Se de sua bravura o efeito assim impeço,
Há de abrandar-se então de tua angústia o excesso?

XIMENA
Senhora, ah, como então me aliviareis o anseio!

O Cid

Cena IV

A Infanta, Ximena, Leonor, o Pajem

A Infanta
Pajem, buscai Rodrigo e para cá trazei-o.

O Pajem
O conde de Gormaz e ele...

Ximena
Ah, céus, que ouço aqui!

O Pajem
Saindo do palácio, há pouco, juntos vi.

Ximena
Sós?

O Pajem
Sim, e em baixa voz como que a disputar.

Ximena
Vieram decerto às mãos, nada há mais que falar,
Senhora, me perdoai sair tão prontamente.

CORNEILLE

Cena V

A INFANTA, LEONOR

A INFANTA
Céus, que perturbação se me insinua à mente!
Eu choro a sua dor, seduz-me aquele que ama,
Foge-me a paz, e em mim revive aquela chama.
O que vai separar Ximena de Rodrigo,
Pena e esperança traz-me, a um tempo só, consigo,
E a sua desunião, que com desgosto vejo,
É de um prazer secreto à minha alma ainda ensejo.

LEONOR
Esse ânimo exemplar que em vosso espírito arde,
Cede tão facilmente a uma chama covarde?

A INFANTA
Não digas que é covarde, agora que ela em mim,
Pomposa e triunfante, a lei me dita assim.
Demonstra-lhe respeito, ao ver o quanto a quero;
Combate-a meu valor, mas, ainda assim, espero;
E o louco coração que a si próprio condena,
Voa atrás de um amor perdido por Ximena.

LEONOR
Os brios que admirei deixais tombar destarte,
E do uso da razão vossa alma se departe?

A INFANTA
Ah, de que pouco efeito é da razão o aceno,

O Cid

Quando em nós se infiltrou tão sedutor veneno?
E, quando a sua doença o doente ama e a procura,
Como será mal visto o que lhe traga a cura!

Leonor
Seduz-vos a esperança e é vosso mal benigno;
Mas de vós, afinal, esse Rodrigo é indigno.

A Infanta
Bem que o sei, mas, ao ver ceder minha virtude,
Vê como um coração que o amor possui se ilude:
Se Rodrigo sair vencedor do combate,
Se sua espada hoje um tal guerreiro abate,
Posso votar-lhe amor, amor que não se esconde.
Que não fará, se é apto a triunfar do conde!
Já o vejo, à cabeça, ele, de mil guerreiros,
Fazer com que a seus pés tombem reinos inteiros,
E não me custa, até, que à minha alma persuada
Vê-lo sentado, já, no trono de Granada,
Dos mouros a temê-lo e a venerá-lo o povo,
Aragão receber o conquistador novo,
Render-se Portugal, e audácias singulares
Levarem-lhe o destino insigne além dos mares;
Regando-lhe os lauréis, o sangue do africano;
Sim, tudo o que de heróis proclama o nome ufano,
Espero-o de Rodrigo após essa vitória,
E vejo em seu amor o alvo de minha glória.

Leonor
Vede aonde lhe levais já o lustre, a que apogeu,
Depois de um duelo o qual talvez nem ocorreu.

A INFANTA
Rodrigo é o ofendido, o conde é o ofensor;
Saíram juntos, ora! e que mais vais supor?

LEONOR
Bem, vão bater-se, pois; decreta-o o vosso mando,
Mas tão longe ele irá como o estais vós levando?

A INFANTA
Que queres? ando louca e a alma em visões me erra;
Aí vês quanto mal neste amor se me encerra.
Vem, em meu gabinete a aflição me alivia,
E não me deixes só nos lances deste dia.

Cena VI

DOM FERNANDO, DOM ARIAS, DOM SANCHO

DOM FERNANDO
É tão ufano o conde e tão pouco sensato,
Que após seu crime crê poder ser-me ainda grato?

DOM ARIAS
De vossa parte o pude entreter longamente,
Senhor, tudo tentei, nada influenciou-lhe a mente.

DOM FERNANDO
Céus! de que forma audaz de um súdito o despeito
Descuida de agradar-me e me nega o respeito!

O Cid

Ele ultraja dom Diogo e despreza o seu rei!
Em minha própria corte, ele me dita a lei!
Seja grão capitão, seja o maior guerreiro,
Saberei rebater-lhe esse humor altaneiro;
Fosse o próprio valor, da guerra fosse o deus,
Verá o que é negar-se assim a mandos meus.
Por mais que lhe coubesse o preço da insolência,
Tratá-lo ainda quis, de início, sem violência;
Mas já que ele abusou, e sem que mais rebele,
Desde já a ordem é assegurar-se dele.

Dom Sancho

Senhor, quisésseis dar-lhe um prazo... se rebela
É ainda no fervor recente da querela;
Na primeira emoção, da ira não se defende
Um brio generoso, e aos poucos, só, se rende.
Vê que não tem razão, mas uma alma tão alta,
Não se reduz de início a confessar a falta.

Dom Fernando

Dom Sancho, silenciai, e ficai advertido,
Em crime incorrerá quem tomar seu partido.

Dom Sancho

Obedeço a meu rei. Mas, senhor, por mercê,
Ainda em sua defesa...

Dom Fernando
E aí, que mais se vê?

Dom Sancho

Que um grande peito, autor de intrépidas ações,
Não pode rebaixar-se ao teor das submissões.
Jamais de opróbrio as vê isentas, e aí é onde,
É a essa palavra, só, que resistiu o conde.
Encontra em seu dever demasiado rigor,
E obedecera, já, não fosse o seu valor.
Comandai que seu braço, afrontador de alarmas,
Repare dessa injúria a nódoa pelas armas;
Satisfará; e aliás, venha quem vier, eis já,
Ainda antes que ele o saiba, o que responderá.

Dom Fernando

O respeito perdeis, mas à idade perdôo,
E do ardor juvenil excuso o ousado vôo.
Mas de um rei a prudência atem-se a um fim mais claro,
Seus súditos resguarda, e é de seu sangue avaro:
Quero eu, zelando os meus, que ao trono se conservem,
Zela a cabeça, assim, pelos membros que a servem.
Não são vossas razões razão pelo que eu sei:
Falais como soldado, e lido eu como rei;
E por mais que se diga, e por mais que ele o creia,
Obedecer, do conde a glória não alheia.
Toca-me a afronta, aliás; ele privou do honor,
Quem a meu filho dei, eu, por governador.
Opor-se à escolha é a mim opor-se, e é atentado
Contra o poder supremo, e o interesse do Estado.
Basta disso. Ouço, aliás, que umas dez naus guerreiras,
De nosso velho imigo arvorando as bandeiras,
Ousaram se mostrar perto da foz do rio.

O Cid

Dom Arias
Conhecem por demais os mouros vosso brio,
Senhor; não ousará enfrentar seu temor
Quem sempre deles foi tão grande vencedor.

Dom Fernando
Não podem admitir, no fel de sua inveja,
Que a seu pesar, meu cetro a Andaluzia reja;
De tão formosa terra a perda lhes atiça,
No espírito frustrado, uma eternal cobiça.
Eis a razão por qual coloquei em Sevilha,
De há dez anos pra cá, o trono de Castilha;
Por vê-los mais de perto, e com pronta defesa
Rebater-lhes de início um golpe de surpresa.

Dom Arias
Custou-lhes já demais saber, com ou sem frota,
Ser-lhes vossa presença o penhor da derrota.
Nada haveis que temer.

Dom Fernando
                    Nada que descurar.
Pode a confiança a mais atrair grande azar.
Sabeis vós, com que pouco esforço e risco, até,
Pode trazê-los cá o alto flux da maré.
Mas não convém causar, com o sinal de alerta,
Um pânico terror, sendo a notícia incerta.
Falso alarme, e da noite em breve a obscuridade,
Com vão temor demais turbaria a cidade.

Que nos bastiões se dobre a guarda, e sobre o porto.
Até o alvor bastará.

Cena VII

DOM FERNANDO, DOM SANCHO, DOM ALONSO

DOM ALONSO
Rei, o conde está morto.
Vingou dom Diogo, por seu filho, o ultraje.

DOM FERNANDO
Na ira
Que a ofensa provocou, a vingança eu previra.
E desde então tentei prevenir a desgraça.

DOM ALONSO
Ximena, a implorar que justiça se faça,
Aos pés vos traz sua dor, desfeita toda em água.

DOM FERNANDO
Ainda que me constranja a sua filial mágoa,
Toda aparência é ter o conde merecido
O castigo fatal de seu gesto incontido;
Mas por justa que seja a sua punição,
Sem lástima não perco, eu, um tal capitão.
Após serviços mil prestados ao Estado
E seu sangue por mim mil vezes derramado,
Por mais que o seu orgulho ira causasse em mim,
Sua perda me enfraquece e aflige-me o seu fim.

O Cid

Cena VIII

Dom Fernando, Dom Diogo, Ximena, Dom Sancho,
Dom Arias, Dom Alonso

XIMENA
Meu amo e rei, justiça!

Dom Diogo
Ouve, ó rei, por quem és!

XIMENA
A vossos joelhos caio.

Dom Diogo
Abraço os vossos pés.

XIMENA
Justiça imploro, rei.

Dom Diogo
Minha defesa ouvi.

XIMENA
De um jovem audacioso a insolência puni.
De vosso augusto cetro o sustento abateu,
Ele matou meu pai.

Dom Diogo
Ele vingou o seu.

Corneille

Ximena
Ao sangue de seus fiéis um rei deve justiça.

Dom Diogo
Para a vingança justa, a pena é sempre omissa.

Dom Fernando
Ambos vos reerguei: falai com mais lazer.
Ximena, tomo parte em vosso desprazer;
Com sentimento igual minha alma aflita deixa.
              (a dom Diogo)
Falareis vós depois; não lhe turbeis a queixa.

Ximena
Rei, meu pai está morto; eu vi, num negro arranco,
O sangue a lhe escorrer do generoso flanco;
Sangue que tanta vez firmou vossas muralhas,
Sangue que tanta vez ganhou vossas batalhas,
Sangue que, ao se espargir, fuma ainda de ira, após
Se ver vertido, em vão, por outros que não vós,
Sangue que derramar jamais ousara a guerra,
Rodrigo, em vossa corte, embebeu dele a terra.
Eu corri ao local, sem forças e sem cor,
Sem vida o encontrei. Excusai minha dor.
Senhor, falha-me a voz neste narrar funesto;
Meus prantos e meus ais dirão melhor o resto.

Dom Fernando
Coragem, minha filha, e pondera que vai,
Em seu lugar, teu rei servir-te hoje de pai.

O Cid

Ximena

Demais seria honrar-me a miséria. Ó meu rei,
Eu vo-lo disse já, sem vida o encontrei;
Seu flanco estava aberto, e a mais ferir-me o dó,
Seu sangue o meu dever traçava sobre o pó;
Ou antes seu valor prostrado me falava
Por sua chaga atroz, e à instância me incitava;
Para que a ouvisse um rei tão justo e dos mais sábios,
Minha voz emprestou por estes tristes lábios.
Senhor, não permitais que, sob o vosso cetro,
Impere ao vosso olhar dessa licença o espectro;
Que até os de mais valor sejam na impunidade
Expostos ao furor de tal temeridade;
Que possa um jovem vão triunfar de sua glória,
Em seu sangue banhar-se e afrontar sua memória.
Dirime tal guerreiro, à vida arrebatado,
O ardor de vos servir, se ele não for vingado.
Enfim, meu pai morreu: pela vingança clamo,
Mais do que para mim, por vós, meu rei e amo.
Perdeis vós, quando a morte um tal valor extingue;
Vingue-a uma outra morte, o sangue o sangue vingue.
Imolai não a mim, mas à vossa coroa,
Mas ao vosso fulgor, mas à vossa pessoa,
Senhor, digo, imolai ao bem de todo o Estado,
Tudo o que orgulho tem de um tão grande atentado.

Dom Fernando

Dom Diogo, respondei.

Dom Diogo
Como à inveja convida

Corneille

Quem, ao perder a força, a um tempo perde a vida!
E como, a homens de bem, a longa idade apresta
Já, no fim da existência, a sina mais funesta!
Eu, que em tão longa lida adquiri tanta glória,
Eu, a quem seguiu sempre o eflúvio da vitória,
Hoje me vejo assim, por ter demais vivido,
Receber uma afronta e me quedar, vencido.
O que não pôde nunca um sítio ou emboscada,
O que não pôde nunca Aragão ou Granada,
Algum vosso inimigo, ou invejoso meu,
Quase que, ao vosso olhar, o conde o cometeu.
Ciumento, aproveitou-se da vantagem brava
Que sobre mim da idade a impotência lhe dava.
E eis que esta fronte, rei, branqueada sob o arnês,
Este sangue, ao bem vosso oferto tanta vez,
O braço que o valor do imigo punha à prova,
Carregados de infâmia iam baixar à cova:
Digno de mim não fosse o filho que gerei,
Digno de seu país, e digno de seu rei.
Prestou-me a sua mão, o conde ele matou,
A honra me restituiu, do opróbrio me lavou.
Se a penas fazem jus brio e ressentimento,
Se as merece o vingar um esbofeteamento,
Então que sobre mim a tempestade desça:
Quando o braço falhou, castiga-se a cabeça.
Desse crime glorioso, em que nos fira a mente,
Eu a cabeça sou, o braço ele é, somente.
Se do pai de Ximena atravessou o peito,
Fá-lo-ia ele jamais, pudesse eu tê-lo feito.
A cabeça imolai que já é da tumba abono,

O Cid

E poupai para vós um braço útil ao trono.
À custa de meu sangue, apaziguai Ximena:
Sem o menor murmúrio aceito qualquer pena;
E longe de me opor a seu mais rijo efeito,
Morrendo sem desonra, eu morro satisfeito.

Dom Fernando
É de importância o caso, e bem considerado,
No conselho geral será deliberado.
Dom Sancho, acompanhai Ximena. Até então
Terá dom Diogo a corte e a sua fé por prisão.
Seu filho se procure, e após pronunciarei.

Ximena
Que um matador pereça, é justo, grande rei.

Dom Fernando
Repousa, e de teu transe abranda o intenso cunho.

Ximena
Repouso é incentivar, senhor, meu infortúnio.

TERCEIRO ATO

Cena I

Dom Rodrigo, Elvira

Elvira
Rodrigo, que fizeste? onde vens, miserável?

Dom Rodrigo
Sigo o curso fatal de um fado deplorável.

Elvira
De onde haures a ousadia e esse orgulho absoluto
De chegar a um lugar que encheste de ódio e luto?
Do conde ainda aqui a sombra desafias?
Mataste-o!

Dom Rodrigo
Para mim vergonha eram seus dias;
E minha honra exigiu a ação de minha mão.

Elvira
Mas na casa do morto impetrar proteção!
Quando é que um homicida um tal refúgio quis?

Dom Rodrigo
Aqui também só venho entregar-me a meu juiz.
Deixa de me encarar com ar tão espantado;
O que procuro é a morte, após havê-la dado.
Meu juiz é o meu amor, só Ximena é juiz meu:
Merece a morte, sim, quem no ódio lhe incorreu,
E vim, qual sumo bem, receber de antemão
De seu lábio a sentença, e o golpe de sua mão.

Elvira
Foge a esse encontro, por favor: vai-te indo, vai!
Ao seu primeiro impulso a presença subtrai.
Não tentes afrontar seus arrebatamentos
Neste primeiro ardor de seus ressentimentos.

Dom Rodrigo
Não, não, a amante a quem causei tal desagrado,
Não pode, contra mim, ter furor demasiado;
E é a aflição sem fim de cem mortes que evito,
Se por morrer mais cedo a cólera lhe incito.

Elvira
Ximena está no Paço, em lágrimas banhada,
E de lá voltará só bem acompanhada.
Rodrigo, foge, vai-te, imploro-o por mercê.
Que não se há de dizer, se alguém aqui te vê?

O Cid

Queres que a detração mais lhe amargue o destino,
Clamando que entretém de seu pai o assassino?
Volta ela em breve, ei-la, eu já lhe vejo o vulto:
Por amor à sua honra, ao menos fica oculto.

Cena II

DOM SANCHO, XIMENA, ELVIRA

DOM SANCHO

Senhora, fazeis jus, sim, a sangrentas vítimas:
Vossa ira é justa, em vós, as lágrimas legítimas;
E não vou me esforçar de, com inútil fala,
Abrandar vossa mágoa ou tentar consolá-la;
Mas, se de vos servir eu posso ser capaz,
Minha espada empregai contra o culpado audaz;
Empregai meu amor em vingar essa morte;
Será, sob ordem vossa, o meu braço o mais forte.

XIMENA
Ai de mim!

DOM SANCHO
Concedei-me entrar por vós na liça.

XIMENA
Ofenderia o rei, que me empenhou justiça.

DOM SANCHO
Sabeis que ritmo lento ela a seu curso imprime;

Quanta vez não escapa à sua inércia o crime,
Dá seu incerto curso ao pranto, azo, primeiro.
Permiti que vos vingue o aço de um cavaleiro:
Mais rápido é esse meio, e o fim menos omisso.

XIMENA

É o último remédio; e se chegar-se a isso,
E em vós medrarem ainda esse dó e essa fúria,
Livre sereis de então vingar a minha injúria.

DOM SANCHO

É o único contento a que minha alma aspira;
E afasto-me feliz, com tal promessa em mira.

Cena III

XIMENA, ELVIRA

XIMENA

Enfim me vejo livre, e sem constrangimento
Posso de minha dor dar-te a ver o tormento;
Passagem posso dar a meus suspiros e ais,
Posso abrir-te a minha alma em seus transes fatais.
Meu pai morreu, Elvira; e foi-lhe pela espada
Noviça de Rodrigo, a vida arrebatada.
Chorai, vós, olhos meus, deixai que à dor sucumba!
Metade de meu ser a outra pôs na tumba,
E obriga-me a vingar, nesta trama funesta,
A que não tenho mais, sobre a outra que me resta.

O Cid

Elvira
Senhora, repousai.

Ximena
     Como ignoras meus males,
Para que em transe tal ainda em repouso fales!
Como ser-me-á jamais a mágoa apaziguada,
Se odiar não posso a mão pela qual foi causada?
E como há de extinguir-se o transe que me oprime,
Se, amando o criminoso, é que persigo o crime!

Elvira
Quê! privou-vos de um pai, e amá-lo é o vosso empenho!

Ximena
Amá-lo é pouco, Elvira, adoração lhe tenho;
Opõe-se ao ódio e à dor minha paixão flamante;
Vejo em meu inimigo ainda o meu amante;
E malgrado o rigor a que minha alma obrigo,
Combate ainda, em mim, contra o meu pai, Rodrigo.
Ataca-o, preme-o, cede, agride-o, e assim por diante,
Ora fraco, ora forte, e às vezes triunfante:
Mas a árdua luta em que o ódio a meu amor revida,
Fere-me o coração, sem que a alma me divida;
E por mais que o poder do amor seja de vulto,
À minha honra me atenho, e nada mais consulto.
Cumpro sem vacilar o que o dever me exige,
Rodrigo amo demais, seu destino me aflige;
Mas a ânsia de salvá-lo é fadada ao aborto,
Eu sei quem sou, e sei por quem meu pai foi morto.

ELVIRA
Pensais em persegui-lo?

XIMENA
Oh! cruel pensamento!
Cruel litígio ao qual me força honroso intento!
Exijo o seu trespasso, e me apavora obtê-lo;
Segue meu fim o dele, e puni-lo é meu zelo.

ELVIRA
Essa intenção fatal, senhora, combatei;
Não vos torneis sujeita a uma implacável lei.

XIMENA
Meu pai morreu: por pouco em braços meus expira,
Clamar-lhe-á o sangue aos céus, sem que vingança aufira?
Preso meu coração num vergonhoso encanto,
Crerá só lhe dever um impotente pranto,
E, sem que de um amor subornador se guarde,
Minha honra atrofiará numa inação covarde!

ELVIRA
Sendo tão caro o objeto em causa, em vós se excusa
Se a inumano rigor vossa alma se recusa
Contra o ofensor que amais. Basta o que tendes feito;
Já fostes ver o rei; não forceis disso o efeito:
Deixai que em vós o tempo essa aflição desarme.

XIMENA
É imperativo da honra, Elvira, há que vingar-me;

O Cid

E, por mais que nos tente um vínculo amoroso,
Toda excusa é infamante a um brio generoso.

ELVIRA
Rodrigo amais, ter-lhe ódio é o que não podeis.

XIMENA
Confesso-o, ai de mim!

ELVIRA
E então, que é que fareis?

XIMENA
Para que a honra salve e que os meus transes sele,
Persigo-o até que morra, e morro eu depois dele.

Cena IV

DOM RODRIGO, XIMENA, ELVIRA

DOM RODRIGO
Pois bem! de perseguir-me eu vos evito a lida,
E vos ponho a honra em mãos de me cortar a vida.

XIMENA
Elvira, onde é que estou, e que é que vejo assim?
Rodrigo em minha casa! ele diante de mim!

DOM RODRIGO
Meu sangue não poupeis: sem que o impeça, vertei-o;
Desfrutai de meu fim e da vingança o enleio.

XIMENA

Ai de mim!

DOM RODRIGO

Ouve.

XIMENA

Eu morro.

DOM RODRIGO

Um só momento rogo.

XIMENA

Vai, deixa-me morrer.

DOM RODRIGO

Duas palavras! logo
Hás de me responder por meio desta espada.

XIMENA

Do sangue de meu pai, ah! toda ainda encharcada!

DOM RODRIGO

Ximena...

XIMENA

O atroz objeto ao meu olhar suprime,
Que me vem reprovar tua vida e teu crime.

O Cid

Dom Rodrigo
Olha-o, para que mais teu ódio ainda excite,
E a apressar meu castigo a cólera te incite.

Ximena
De meu sangue está tinto.

Dom Rodrigo
     Enterra-o, pois, no meu,
E assim faze perder-lhe a tintura do teu.

Ximena
Torvo, aço, que no dia em que o pai arrebata,
Logo após, pela vista, a filha também mata!
Retira o horrendo objeto, eu não o posso ver:
Pretendes que te escute e me fazes morrer!

Rodrigo
Faço o que queres, mas, meu afã não desiste
De perder por tuas mãos vida supérflua e triste;
Porque não deves crer poder minha afeição
Chegar a arrepender-se de uma justa ação.
Pela mão de teu pai, golpe de injúria infanda,
Do meu manchou de opróbrio a idade veneranda.
Infâmia é um bofetão a um homem de valor.
Na ofensa tinha parte, eu procurei o autor:
Vi-o: vingar meu pai, minha honra, foi meu zelo;
Fá-lo-ia ainda uma vez, tivesse eu que fazê-lo.
Não é que o teu encanto, a fé, o amor, enfim,
Não combatessem a honra e as suas leis em mim,

E, após ultraje tal, seu poder avalia,
Pois cheguei a hesitar, se a injúria vingaria.
Na escolha de ofender-te, ou tolerar a afronta,
Cri por meu turno o ser demais minha ira pronta,
Meu impulso acusei, o achei demais violento;
E houvera o teu encanto arrebatado o tento,
Se não se lhe opusesse ao sedutor ditado,
Não poder merecer-te um homem desonrado;
Que, apesar do lugar que eu em tua alma fruía,
Quem me amou generoso, indigno me odiaria;
E que escutar-te o amor e acatar-lhe o ditame,
Difamar-te-ia a escolha e me tornava infame.
Ainda uma vez repito, e por mais que eu suspire
Eu hei de redizê-lo até a hora em que expire:
Causei-te imensa mágoa, e a isso obriguei meu ser,
Para salvar minha honra e por te merecer;
Mas, para com o meu pai, e, com a honra, quite, enfim,
Venho satisfazer-te, agora, a ti, e a mim.
Aqui me vês, porque meu sangue às mãos te levo.
O que devia, fiz; faço o que agora devo.
Contra o meu crime eu sei que te incita um pai morto:
A vítima te entrego: e por teu reconforto
Imola, ao sangue, pois, por teu autor perdido,
Quem ainda vê sua glória em tê-lo assim vertido.

XIMENA

Ah! Rodrigo! apesar de minha inimizade,
Eu não acuso a quem fugiu à indignidade;
Por mais que exponha à luz minha mágoa irrestrita,
Não te culpo; tão-só choro a minha desdita.

O Cid

Sei o que a honra, após ultraje desse teor,
Estava a demandar de um generoso ardor:
Cumpriste o teu dever, tão-só, de homem de bem:
Mas cumpri-lo era impor-me, a mim, o meu também.
Teu funesto valor me instruiu por tua vitória;
Ele vingou teu pai e te firmou a glória:
E o mesmo encargo infausto agora em mim recai,
De firmar minha glória e de vingar meu pai.
Ah, céus! me desespera aí teu interesse;
Se por outra desgraça o meu pai eu perdesse,
Podia como alívio ainda perceber,
Em meio à minha perda, o gosto de te ver;
E, contra a minha dor, teria fruído o encanto
De tão querida mão me estar secando o pranto.
Mas devo-te perder após tê-lo perdido;
Sobre o amor é triunfo à minha honra devido;
E este dever atroz, cuja ordem me assassina,
Me obriga a trabalhar, eu, pela tua ruína.
Porque não deves crer que me possa a afeição
Nutrir fraqueza vil por tua punição.
Por mais que o nosso amor em teu favor me instrua,
Deve corresponder minha virtude à tua;
No ato de me ofender, digno de mim te vi;
E por teu fim serei digna eu também de ti.

Dom Rodrigo

Não proteles, então, o que tua honra ordena:
Minha cabeça exige, entrego-a, pois, Ximena.
A esse nobre interesse oferta-a em sacrifício;
Ser-me-á a sentença cara, e mais caro o suplício.

Aguardar de meu crime uma justiça lenta,
É adiar-me a punição: contra a tua glória atenta.
Horrendo por teu braço eu morrerei feliz.

XIMENA

Na instância eu parte sou, não teu algoz ou juiz.
Dás-me a cabeça em mãos, mas devo eu recebê-la?
Devo atacá-la, mas tens tu que defendê-la;
De outro poder obtê-la, é o alvo que persigo,
Meu dever é acusar-te, e não dar-te o castigo.

DOM RODRIGO

Por mais que em meu favor o nosso amor te instrua,
Deve à minha virtude equiparar-se a tua;
E por vingar um pai usar de outrem o braço,
Ximena, podes crer-me, é um revide escasso:
Do meu, só minha mão a ofensa rebateu,
A tua mão por si deve vingar o teu.

XIMENA

Cruel! sobre este ponto assim por que te obstinas?
Agiste sem auxílio, e ao teu me subordinas!
Brios tenho eu demais, quando o exemplo te sigo,
Por querer partilhar minha glória contigo.
Nem minha honra será, nem meu pai devedor,
Deste teu desespero, ou deste teu amor.

DOM RODRIGO

Rígido ponto de honra! então, por mais que eu faça,
Não posso obter de ti aquele ato de graça?

O Cid

Em nome de um pai morto, ou de nossa amizade,
Pune-me por vingança, ou ainda, por piedade.
Morrer por tua mão, teu triste amante pode-o
Com menos aflição, que viver com teu ódio.

Ximena
Vai, não te odeio, não.

Dom Rodrigo
É o que deves.

Ximena
Não posso.

Dom Rodrigo
Não temes a calúnia? e neste transe nosso,
Sabendo de meu crime, e que o amor teu perdura,
Que não hão de espalhar a inveja e a impostura?
Obriga-as ao silêncio e sem mais discorrer,
Tua fama a salvo põe, fazendo-me morrer.

Ximena
Ainda que a não tirar-te eu mesma a vida, eleja,
Mais brilhará minha honra, e a mais pérfida inveja
Terá de alçar-me a glória e lastimar-me a sorte,
Sabendo que te adoro e luto por tua morte.
Vai-te, não mostres mais à minha dor infinda,
O que devo perder quando tanto o amo ainda.
Da noite a escuridão que te oculte a partida;
Se te virem sair, minha honra está perdida.

Não hei de, à detração, dar ainda outra licença,
Que a de ter tolerado, aqui, tua presença;
De atacar-me a virtude é não dar-lhe a ocasião.

DOM RODRIGO

Que eu morra, antes!

XIMENA

    Pois vai.

DOM RODRIGO
Que decidiste, então?

XIMENA

Que, apesar da paixão que a cólera me trai,
O máximo farei para vingar meu pai;
Mas, malgrado o rigor dessa lei inimiga,
Meu único desejo é que nada consiga.

DOM RODRIGO

Ó milagre de amor!

XIMENA
Ó auge de aflição!

DOM RODRIGO

Que prantos nossos pais e que ais nos custarão!

XIMENA

Rodrigo, crera-o quem?...

O Cid

Dom Rodrigo
Ximena, quem diria?...

Ximena
Perder-se o nosso amor tão perto de seu dia?

Dom Rodrigo
Que quase a penetrar no porto em barra mansa,
Súbito temporal lhe destruísse a esperança!

Ximena
Ah, lástima mortal!

Dom Rodrigo
Ah! dor de inúteis ais!

Ximena
Vai, vai, mais uma vez, eu não te escuto mais.

Dom Rodrigo
Adeus; vou arrastar a vida miseranda,
Até que ma arrebate enfim tua demanda.

Ximena
Se vencer, fé sagrada é o que te empenho aqui,
De um instante sequer respirar após ti.
Vai, e não sejas visto, é o que te rogo. Adeus.

Elvira
Senhora, quando o céu, em mandamentos seus...

CORNEILLE

XIMENA
Não me importunes mais, deixa-me suspirar.
A noite e a solidão busco para chorar.

Cena V

DOM DIOGO
Jamais podemos fruir perfeição na ventura:
E ao lance mais feliz tristeza se mistura;
Algum anseio sempre acompanha os eventos,
Que faz por perturbar nossos contentamentos.
Em meio ao regozijo está a angustiar-me o seio;
Nado na exultação e tremo de receio.
Morto o inimigo vi, por quem fora ultrajado;
E a mão não posso ver pela qual fui vingado.
Em vão me esforço a tal: só na inutilidade,
Alquebrado que estou, corro toda a cidade:
E o pouco que me deixa a idade de vigor,
Gasta-se em vão na busca àquele vencedor.
Na escuridão da noite, a cada instante e passo,
Imagino abraçá-lo, e uma sombra é o que abraço.
Frustrado o meu amor com a falsa manobra,
Nas dúvidas me lança e o medo me redobra.
Não lhe vejo da fuga o mínimo vestígio;
Do conde morto temo amigos de prestígio;
Seu número me aterra e me inquieta a razão.
Rodrigo já não vive, ou geme na prisão.
Justos céus! na aparência ainda uma vez me iludo,

O Cid

Ou estou vendo enfim aquele que é meu tudo?
Sim, é ele, é certo; enfim, dá-me o céu o que almejo,
Dissipa-me o temor e em júbilo me vejo.

Cena VI

Dom Diogo, Dom Rodrigo

Dom Diogo
Rodrigo, que eu te abrace o céu enfim permite!

Dom Rodrigo
Mísero, eu!

Dom Diogo
Exulto, exulto sem limite!
O fôlego retomo a fim de mais louvar-te;
Do meu valor herdaste a mais gloriosa parte;
E o brilho audaz do teu, que a linha lhe retraça,
Ressuscita os heróis de nossa ilustre raça.
Deles, de mim provéns; teu golpe de alta escala,
Em seu lance inicial, todos os meus iguala;
E de teu brio moço a bravura ilustrada,
Por essa única prova alcança-me a nomeada.
Meu filho, orgulho meu, que a velhice me assiste,
Toca o cabelo branco a que a honra restituíste;
Reconhece o lugar, e a face beija e afaga,
Na qual o teu valor da afronta a marca apaga.

Corneille

Dom Rodrigo

A honra vos cabe, e o céu dá testemunhos plenos,
Que, provindo de vós, eu não podia menos.
Com meu primeiro golpe algo também me enlevo,
Por saber que agradou a quem a vida devo:
Mas, em vosso prazer, não tenhais ciúme, enfim
De agora, por meu turno, eu contentar-me a mim.
Surja meu desespero em liberdade à luz;
Demais já escutei um louvor que seduz.
Não posso arrepender-me de vos ter servido;
Mas devolvei-me o bem por minha ação perdido.
Por vos vingar me armei contra o que amava, e a palma
De um lance triunfal privou-me de minha alma.
Nada mais me digais; por vós, tudo perdi;
O que a meu pai devia, hoje lho restituí.

Dom Diogo

Não, mais alto te realço o fulgor da vitória!
Dei-te eu a vida, e tu, me restituis a glória.
E, já que mais que a luz do dia, a honra me toca,
Tanto mais torno-me eu teu devedor em troca.
Mas de teu nobre gênio essa fraqueza afasta;
Temos uma honra só, no amor a escolha é vasta?
É um prazer o amor, a honra é um dever.

Dom Rodrigo

Ah! que me estais dizendo?

Dom Diogo
O que deves saber.

O Cid

Dom Rodrigo

Virou-se contra mim de minha honra a vingança,
E tentais me impelir à traição da mudança!
A perfídia é igual; do mesmo modo segue
O guerreiro covarde, e o amante à infâmia entregue.
Não me injurieis a fé, meu pai, eu vos conjuro;
Se generoso fui, não quero ser perjuro.
Demais, de meu amor, seguro o vínculo é;
Já nada espero, mas me atenho à minha fé;
E, sem poder possuir nem olvidar Ximena,
É-me a morte que busco a mais preciosa pena.

Dom Diogo

Não é tempo ainda, não, de buscar o trespasso;
Teu rei e teu país precisam de teu braço.
Aquela frota entrou no rio, e em tredo ataque
Quer de surpresa pôr cidade e campo a saque.
Os mouros vão descer; sem ruído o fluxo e as trevas
Numa hora os trazem cá em numerosas levas.
Tudo em desordem vês; a corte e o povo aflitos;
Só lágrimas se vêem, só se ouvem ais e gritos.
A sorte, em tal desgraça e públicos perigos,
Em casa quis reunir quinhentos meus amigos,
De que a fidelidade, a qualquer ação pronta,
Vinha se oferecer a vingar minha afronta.
Antecipaste-os tu; mas o seu braço ufano
Melhor se impregnará do sangue do africano.
Que marches à sua frente, a honra está mandando,
Por chefe te quer ter o generoso bando.
Vai, de um velho inimigo afronta hoje as coortes:

Lá poderás achar a mais bela das mortes;
Já que a ti se oferece, aproveita a ocasião;
Que deva à tua perda o rei a salvação;
Mas por voltar triunfante empenha antes a fúria!
Não limites tua glória a vingar uma injúria.
Mais longe a leva, e a impor a tua bravura à cena,
Força o rei ao perdão, e ao silêncio Ximena.
Se ainda amor lhe tens, regressa vencedor;
É o melhor meio teu de reganhar-lhe o amor.
Mas tempo em falas perco: a ouvir-me aqui te atrasas,
Quando, por combater, quero que cries asas.
Vai, lança-te ao combate, e mostra ao rei de sobra,
Que o que perdeu no conde, em ti ele o recobra.

QUARTO ATO

Cena I

XIMENA, ELVIRA

XIMENA
Não é falso o rumor? certeza tens, Elvira?

ELVIRA
Jamais crer-se-ia o quanto o povo todo o admira.
E a voz geral celebra em jubilosos preitos
Esse jovem herói e seus gloriosos feitos.
Dos mouros foi, ante ele, a derrota de monta;
Rápido o desembarque, e a fuga ainda mais pronta;
E o embate noturnal trouxe a nossos guerreiros
Uma vitória inteira e dois reis prisioneiros.
De nada o jovem chefe aceitava o empecilho.

XIMENA
E devem-se a Rodrigo ações de tanto brilho?

Elvira
De seu ousado esforço os dois reis prêmio são;
Sua mão os venceu, prendeu-os sua mão.

Ximena
De quem ouviste tu tão estranhos rumores?

Elvira
Do povo, que até o céu anda a alçar-lhe os louvores,
De seu júbilo e alívio o chama o objeto e o autor,
Seu anjo tutelar e seu libertador.

Ximena
E o rei, com que olhos vê tão singular bravura?

Elvira
Rodrigo, à real presença, ainda não se aventura.
Dom Diogo é quem, radiante, exibe acorrentados,
Em nome de seu filho, os cativos coroados,
E a nosso magno rei implora ter por alvo
Dignar-se ver a mão que a província tem salvo.

Ximena
Ferido não está?

Elvira
Nada ouvi a respeito.
Estais perdendo a cor! recobrai o conceito.

O Cid

Ximena

E recobro também minha ira enfraquecida:
Por zelá-lo, hei de ser de mim mesma esquecida?
Ouço louvá-lo, e a tal meu coração consente!
Minha honra emudeceu, meu brio é impotente!
Silêncio, amores meus! a ira me sustentai;
Se ele venceu dois reis, ele matou meu pai;
Triste roupa, em que leio a minha desventura
E que o primeiro efeito é de sua bravura,
Por mais que a um tal valor já taxem de sublime,
Fala-me todo objeto, aqui, sobre o seu crime.
A força restituí a meus ressentimentos,
Hábitos, crepes, véus, lúgubres ornamentos,
Pompa em que me amortalha a sua outra vitória;
Combatei-me a paixão e sustentai-me a glória;
E, se o amor assumir demasiado poder,
À minha alma lembrai meu trágico dever;
Atacai sem temor a mão que glória tanta...

Elvira

Vosso ímpeto aplacai, vem vindo a vós a infanta.

Cena II

A Infanta, Leonor, Ximena, Elvira

A Infanta

Não é por consolar-te a dor que aqui me adianto;
Só venho misturar suspiros a teu pranto.

Ximena

Antes compartilhai da pública alegria,
Senhora, e a dita fruí que hoje o céu vos envia.
Direito a pranto e aos ais, isto é tão-só comigo;
O pesadelo ao qual vos subtraiu Rodrigo,
A salvação devida às suas gloriosas armas,
Lágrimas não vos traz, podem, sim, reservar-mas:
Salvou o seu país, serviu seu rei. No resto
O seu valente braço a mim só é funesto.

A Infanta

Ximena, é fato, fez milagres inauditos.

Ximena

Ao meu ouvido já ecoaram esses ditos;
E em toda a parte o povo em alta voz o diz
Tão valoroso herói, quanto amante infeliz.

A Infanta

O juízo popular levarás em má parte?
Soube agradar-te outrora aquele jovem Marte;
Curvou-se a tuas leis e te possuía a alma;
E elogiá-lo é outorgar à tua escolha a palma.

Ximena

É dado a cada qual louvá-lo com justiça,
Mas tal louvor em mim suplício novo atiça.
Fere-me a dor o ouvir que o mérito se lhe ale:
Vejo o que estou perdendo ao ver o quanto vale.
Ah, cruel desprazer, mais a cruciar-me a mente!

O Cid

Alçarem-lhe o valor, para que o amor me aumente!
No entanto, o meu dever torna-se ainda mais forte,
E, com ou sem amor, pleitearei sua morte.

A Infanta

Esse dever te pôs ontem em tal estima,
E colocou-te o teu esforço tão por cima,
Que cada qual, na corte, o brio te admirava,
E, com pena de ti, teu amor lastimava.
Mas, da amizade fiel, aceitas a opinião?

Ximena

Não vos obedecer seria ingratidão.

A Infanta

O que ontem era justo, agora é injusto, até.
Nosso único sustento, hoje Rodrigo é,
De um povo que o idolatra o amor e o grato agouro,
Baluarte da Castilha, ele, e o pavor do mouro.
O próprio rei já tem com o fato concordado,
Que se vê, nele só, teu pai ressuscitado.
E, se queres que aí toda clareza faça,
Fomentas com sua morte a pública desgraça.
Jamais, vingar-se um pai, por mais que o alvo nos cegue,
Vale em que seja a pátria a um inimigo entregue.
Algo há que, contra nós, teu pleito legitime?
Por nos punir, que culpa houvemos nós no crime?
Não se trata, ademais, que tenhas que esposar
Quem a morte de um pai te obrigava a acusar:
A desistir sou eu, até, quem te convida.
Tira-lhe teu amor, mas deixa-nos sua vida.

Ximena

Ah! não me cabe a mim demonstrar tal cordura;
Limites já não há na lei que me amargura.
Ainda que abrigue em mim do amor a ardente febre,
Ainda que um rei o afague e que um povo o celebre,
Que estejam a servi-lo os mais valentes prestes,
Prostrarei seus lauréis debaixo de ciprestes.

A Infanta

Para vingar um pai, é de um brio preclaro
Fazer por perseguir quem nos seja tão caro;
Mas do dever a luz com mais força ainda brilha,
Cedendo ao bem da pátria a causa da família.
Punes Rodrigo, já, se o amor teu se apagar,
Se a sua imagem vier em tua alma a vagar,
Possa o bem do país impor-te aquela lei:
Que esperas, ademais, que te conceda o rei?

Ximena

Pode me recusar, mas calar-me não posso.

A Infanta

Pensa no assunto após este colóquio nosso.
Adeus; medita-o a sós, sem que haja quem te tolha.

Ximena

Meu pai estando morto, eu já não tenho escolha.

O Cid

Cena III

Dom Fernando, Dom Diogo, Dom Arias, Dom Rodrigo,
Dom Sancho

Dom Fernando

Glorioso sucessor de uma ilustre família,
Que sempre foi a glória e o amparo da Castilha,
Raça de cem avós em valor sinalados,
De início, já por ti e tua obra igualados.
Por premiar proezas tais, faltam-me força e bens;
Tenho menos poder do que mérito tens.
De tão rude inimigo o império libertado,
O cetro em minha mão por tua mão firmado,
Os mouros na derrota, antes que em tais alarmas
Pudesse eu ordens dar de lhes romper as armas,
Toda essa grande ação, a teu rei não permite
Os meios de ficar para contigo quite.
Dois reis, cativos teus, dar-te-ão a recompensa:
Têm te nomeado o Cid em minha real presença.
Já que Cid em sua língua é o mesmo que Senhor,
De título tão belo eu não te invejo o honor.
Sê o Cid; esse nome espalhe o assombro e o medo
De susto e admiração Granada encha e Toledo,
E também marque a quem meu cetro está regendo,
Em que valor te tenho, e o que te estou devendo.

Dom Rodrigo

Senhor, poupe-me o pejo a vossa majestade;
Meus préstimos encara é com demais bondade,

E, ante um tão grande rei, a rubores me força
O ver que alto demais os meus serviços orça.
Sei que só para o bem de vosso império aufiro
O sangue que me anima e a luz e o ar que respiro;
E, por tão digno objeto, ainda que eu os perdesse,
De um súdito o dever seria apenas esse.

Dom Fernando
Nem todos que o dever obriga a tanto, agem,
Quando a serviço meu, com similar coragem.
E não sendo o valor levado até ao excesso,
Não há de produzir um tão raro sucesso.
Aceita as loas, pois, e da incomum vitória,
Conta-nos, por extenso, a verdadeira história.

Dom Rodrigo
Senhor, soubestes já que, no perigo urgente
Que a cidade deixou num pavor tão potente,
De amigos de meu pai um grupo reunido,
Solicitou meu peito, ainda no amor ferido.
Mas, senhor, me perdoai, se com temeridade
Eu me atrevi a agir, sem vossa autoridade;
O ataque instava; às mãos via a brigada brava;
Se à corte eu me chegasse, a cabeça arriscava:
E perdê-la, se a tal eu me via fadado,
Ao combater por vós, era mais suave fado.

Dom Fernando
Excuso o teu ardor em vingar teu ultraje;
E o Estado defendido em defender-te reage:

O Cid

Já não me há de valer o que Ximena fala;
Ouvidos lhe darei só para consolá-la.
Prossegue.

Dom Rodrigo
A tropa então, sob ordem minha avança,
Na fronte e olhar expondo a marcial segurança.
Quinhentos era a conta, e por maior conforto,
Vimo-nos já três mil ao atingir o porto,
Tanto, em nos ver marchar, do destemor a imagem,
Renascia em toda alma aterrada a coragem!
Lá chegando, em porões de navios diversos,
Eu fiz por ocultar dessa tropa uns dois terços:
O resto, cuja conta aumentava a toda hora,
Ao lado meu, no chão grudado, se demora,
E a ferver de impaciência e sem que um ruído faça,
De uma tão bela noite a maior parte passa.
Por minha ordem, também, a essa cautela extrema,
A guarda adere e assim reforça o estratagema,
E finjo, audaz, no afã de que todos concordem,
Que as ordens que transmito, imponho por vossa ordem.
Esse fraco clarão que emana das estrelas,
Nos revela afinal com o fluxo trinta velas;
Fá-las flutuar a vaga, aprestam-se a amarrar,
E um mesmo esforço ao porto os mouros traz, e o mar.
Passam, não vêem um guarda: a noite é a mais tranqüila,
Deserto o muro e o porto, adormecida a vila;
Total silêncio à mente influi-lhes esse engano,
E certeza lhes dá do êxito de seu plano.
Ancoram, pois, sem susto e em descer já não tardam,

E correm se entregar aos braços que os aguardam.
Pois todos nós, então, de pé, no mesmo instante
Lançamos até ao céu um clamor estonteante,
E os nossos, de sobre a água ecoando-lhe os estouros,
Armados, surgem já. Confundem-se os mouros
Tomados de pavor, nem metade descidos,
Antes de combater já se têm por perdidos.
Vindo à pilhagem, vêem, diante de si, a guerra:
Prememo-los sobre a água e os prememos em terra;
Pomos seu sangue a fluir, que em cem riachos resvala.
Antes que algum resista ou reintegre a sua ala.
Mas logo à ordem os chama e os forma um e outro rei:
Renasce o brio e esquece o seu terror a grei;
E o pejo de morrer sem haver combatido
De seu valor, enfim, lhes devolve o sentido.
Contra nós, de pé firme, investem com as espadas;
Dos valorosos mais, as vidas são cortadas;
E tudo ao derredor, a terra, o rio, o forte,
São campos de matança em que triunfa a morte.
Quanta proeza incomum, quanta célebre ação,
Ficou sem glória e fama em meio à escuridão,
Em que cada um a sós seus golpes desfechava,
Sem discernir para onde a sorte se inclinava!
Ia eu, de todo lado encorajando os nossos,
Retendo uns e a impelir outros entre os destroços,
Fazendo os mais, depois, avançar por seu turno,
Até surgir do alvor o fraco clarão diurno,
Cuja luz nos revela enfim nossa vantagem;
Perdido vê-se o mouro e perde sua coragem:
E, ao ver reforços mais que nos vêm socorrer,

O Cid

Cede o ardor de triunfar ao pavor de morrer.
Reganham suas naus, cortam cabos e cordas,
E em confusão tremenda as assustadas bordas
Retiram-se em tumulto e sem considerar
Se com eles seus reis se podem retirar.
Obsta-lhes tal dever o pânico que os cega;
O fluxo os trouxe cá, o refluxo os carrega.
No entanto, ainda os seus reis, pelos nossos cercados,
Com vários de seus fiéis, de golpes já varados,
Combatem com valor e vendem caro a vida.
À rendição sou eu quem debalde os convida;
Ouvidos não me dão, a cimitarra ao punho:
Mas, aos seus pés tombando os seus, nesse infortúnio,
Vêem que em vão, doravante, e a sós já se defendem;
Pedem o chefe, eu dou meu nome, eles se rendem.
Ambos vo-los enviei, a um tempo só presentes,
E o combate cessou, faltando combatentes.
Rei, e a vosso serviço a tropa ainda submissa...

Cena IV

Dom Fernando, Dom Diogo, Dom Rodrigo, Dom Arias,
Dom Alonso, Dom Sancho

Dom Alonso
Senhor, Ximena aqui vos vem pedir justiça.

Dom Fernando
Notícia incômoda esta e dever importuno!

Vai: forçá-la a te ver, agora, é inoportuno.
Por agradecimento afasto-te destarte:
Mas, antes que te vás, quer teu rei abraçar-te.
        (*D. Rodrigo sai*)

DOM DIOGO
Ximena ainda o persegue, e anela por salvá-lo.

DOM FERNANDO
Dizem que amor lhe tem e faço por prová-lo.
Tristeza aparentai.

Cena V

DOM FERNANDO, DOM DIOGO, DOM ARIAS, DOM SANCHO,
DOM ALONSO, XIMENA, ELVIRA

DOM FERNANDO
Ximena, é o fim feliz
De vossa aspiração, com que o êxito condiz.
Rodrigo, que em triunfo o inimigo venceu,
Morreu ao nosso olhar dos golpes que sofreu;
Rendei graças ao céu, que é vosso vingador.
        (*a D. Diogo*)
Podeis ver como está mudando já de cor.

DOM DIOGO
Mas vede! desfalece, e de um amor perfeito,
Senhor, neste desmaio, admirai vós o efeito.

O Cid

De sua alma traiu sua dor o mistério,
E à luz se revelou seu amoroso império.

Ximena

Rodrigo então morreu?

Dom Fernando

Não, vê do dia a luz,
E à sua alma Ximena amor fiel ainda induz.
Acalma a dor de que és por sua causa presa.

Ximena

Desmaios de alegria há, como de tristeza.
O excesso de prazer em languidez nos mostra,
E, quando a alma surpreende, os sentidos mais prostra.

Dom Fernando

Queres que em teu favor se acredite o impossível?
Ximena, a tua dor foi por demais visível.

Ximena

Pois bem, o auge, senhor, me vede do infortúnio;
De minha dor nomeai o meu desmaio o cunho:
Reduziu-me a esse ponto um lícito despeito;
Roubava o seu trespasso o triunfo de meu pleito;
Se ele morresse assim, pelo bem do país,
Traía-me a vingança e a desforra que quis:
Seria um fim tão belo à minha alma injurioso,
Seu trespasso exigi, mas não assim glorioso,
Mas não com tal fulgor, a dar-lhe mais realço,

No leito de honra não, mas sobre o cadafalso;
Morrer pelo país não é tão triste sorte;
É se imortalizar por uma bela morte.
Influi-me essa vitória alegria legítima;
Resguarda o Estado, e a mim me rende a minha vítima,
Famosa e nobre, a par de heróis imorredouros,
A fronte triunfal coroada de áureos louros,
E, sem mais, por dizer como isso se me sai,
Digna de se imolar aos manes de meu pai.
Ai de mim, que esperança ilude-me a desgraça!
Nada tem que temer Rodrigo do que eu faça,
Dum pranto que desprezo e indiferença cria:
Para ele o império todo é um lugar de franquia;
Lá, sob as vossas leis, permite-se-lhe tudo;
Do inimigo e de mim triunfa o seu escudo.
E a justiça, que assim em sangue se embebeu,
A seu crime confere ainda um novo troféu;
Aumentamos-lhe a pompa, e o desprezo das leis
Nos faz seguir seu carro em meio de dois reis.

DOM FERNANDO
É de tua ira e dor demais violenta a aliança.
Quem faz justiça, nada omite na balança.
Teu pai foi morto, mas o agressor ele era;
Ordena-me a eqüidade ação menos severa.
Antes de se acusar o que aí proporciono,
Lê em teu coração; dele Rodrigo é dono.
E teu fogo em segredo a teu rei agradece
Conservar para ti um amante como esse.

O Cid

Ximena
Para mim! meu imigo! o algoz de meu destino!
O alvo de meu furor! de meu pai o assassino!
A meu justo clamor já dão tão pouco ouvido,
Que crêem favorecer-me ao negar-me o pedido!
Já que me é recusada a lídima desforra,
Permiti-me, meu rei, que às armas eu recorra;
Foi por elas, tão-só, que ele soube ultrajar-me,
E é por elas, também, que tenho que vingar-me.
Peço a vossos varões sua cabeça à vista;
Senhor, de quem a traga eu serei a conquista;
Pelejem: e no fim de um embate em que for
Rodrigo castigado, esposo o vencedor.
Dai vênia a publicá-lo, na devida forma.

Dom Fernando
Esse costume antigo, em que ainda pese a norma,
Sob a cor de punir um injusto atentado,
Dos mais bravos varões enfraquece um Estado.
Quanta vez desse abuso o êxito injusto atenta
Contra o inocente mais, e o culpado sustenta.
Dispenso-o: por demais Rodrigo me é precioso
Para expô-lo ao sabor de um fado caprichoso;
Por mais que a tão nobre alma uma falta incrimine,
Os mouros, ao fugir, têm-lhe levado o crime.

Dom Diogo
Que, senhor, só por ele essas leis derrubais,
Que a corte tanta vez registra em seus anais?
E o povo, e a inveja, aí, que não hão de alardar,

Se à sombra desse veto a vida resguardar,
E a presença negar de seu glorioso braço,
Lá onde homens de bem se orgulham do trespasso?
Para ele tal favor não seria um tributo:
Possa haurir sem rigor de sua vitória o fruto.
Se o conde audácia teve, e ele puniu o agravo,
Como um bravo sustente o que fez como um bravo.

Dom Fernando
Já que assim o quereis, concordo com que o faça:
Mas, vencido um, mais mil sitiariam a praça;
Sendo Ximena o prêmio, haveria Rodrigo
De em cada oficial meu ver um novo inimigo.
Seria opô-lo ele, a todos, injustiça;
Bastará que penetre uma vez só na liça.
A quem queiras, Ximena, escolhe em hora dessas;
Combatam: mas depois já nada mais me peças.

Dom Diogo
É desculpar a quem seu braço espanta, já;
Deixe-se um campo aberto, e ninguém entrará.
Depois do que provou Rodrigo neste dia,
Teria de afrontá-lo alguém ainda a ousadia?
Quem se iria arriscar contra tal adversário?
Quem será tal valente, ou antes, temerário?

Dom Sancho
Que se abra o campo: aqui está o combatente;
Sou eu tal temerário, ou antes, tal valente.
Concedei-me o favor que com ele me meça,
Senhora, sabeis vós qual é vossa promessa.

O Cid

Dom Fernando
Pões-lhe a querela em mãos, Ximena?

Ximena
                     Prometi,
Senhor.

Dom Fernando
Para amanhã tudo se apronte ali.

Dom Diogo
Não, meu rei, não o adieis, estando nesse ponto:
Quem a coragem tem há de estar sempre pronto.

Dom Fernando
Combater ao sair de uma batalha brava!

Dom Diogo
Fôlego recobrou, quando vo-la contava.

Dom Fernando
Uma hora ao menos quero, ou duas, que relaxe.
Mas por que não se torne um tal combate praxe,
E a todos demonstrar que acedo a contragosto
A um processo sangrento a que fui sempre oposto,
Não hão de estar nem eu, nem a corte presentes.
         (fala a D. Arias)
A bravura avaliai, só vós, dos combatentes.
Ponde ambos a lutar qual gente de valor;
Findo o combate, então, trazei-me o vencedor.

Seja quem for, é prêmio igual o que lhe acena;
Quero de minha mão presenteá-lo a Ximena
E que lhe aufira a fé por prêmio e recompensa.

XIMENA
Como! impor-me-eis, senhor, tão rígida sentença!

DOM FERNANDO
Queixas-te; mas tua chama, em vez de anuir à queixa,
Se Rodrigo vencer, na aceitação te deixa;
Basta de protestar contra um juízo amistoso;
Qualquer dos dois que seja, há de ser teu esposo.

QUINTO ATO

Cena I

DOM RODRIGO, XIMENA

XIMENA
Rodrigo, à luz do sol! que audácia! cai em ti!
Pões minha honra a perder; retira-te daqui.

DOM RODRIGO
Senhora, vou morrer, e em tais auspícios meus,
Venho vos dirigir um derradeiro adeus;
O imutável amor que a vossas leis me prende,
Antes do mortal golpe homenagem vos rende.

XIMENA
Quê, vais morrer!

DOM RODRIGO
Eu corro a esse feliz momento
Que há de satisfazer vosso ressentimento.

Ximena

E vais morrer! Dom Sancho, então, é tão temível,
Enche ele de pavor esse peito invencível?
Quem te tornou tão fraco, ou que é que o faz tão forte?
Rodrigo vai bater-se, e já se entrega à morte!
Ele, que não temeu os mouros, nem meu pai,
Vai combater Dom Sancho, e em desespero cai?
Há ocasiões, então, em que teu brio se abate?

Dom Rodrigo

Ao meu suplício corro, eu não corro ao combate.
Quereis a minha morte, e assim nada convida
O meu fiel ardor a que defenda a vida.
Meu brio é o mesmo, mas braços não tenho mais
Para ainda conservar o que não aprovais,
Sim, e esta noite já mortal me houvera sido,
Se só por minha causa houvesse eu combatido.
Mas, por meu rei lutando, o seu povo, e o país,
Em defender-me mal, atraiçoá-los não quis.
Não é esse ânimo meu de tão odiosa laia,
Que por uma perfídia à vida se subtraia;
Mas já que a mim somente agora diz respeito,
Exigis minha morte, e eu a sentença aceito.
Vosso ressentimento a mão de um outro endossa.
Merecedor não fui de morrer pela vossa.
Não há, a repelir-lhe os golpes, quem me veja:
Maior respeito devo a quem por vós peleja;
E, provindo de vós os lances que ele assenta,
Por quanto a sua espada a vossa honra sustenta,
Mostro-lhe o peito aberto a fim de que me abata,
Na mão dele adorando a vossa que me mata.

O Cid

Ximena

Se a violência de um pleito a meu dever imposto,
Pelo qual te persigo o brio a contragosto,
Prescreve a teu amor que ele uma lei acate
Que te opõe indefeso a quem por mim combate,
Nessa fatal cegueira acuda-te à memória,
Que, além da vida, está em causa a tua glória,
E inda que como herói Rodrigo haja vivido,
Quando morto estiver, dirão que foi vencido.
Tens à tua honra amor mais do que eu te sou cara,
Se em sangue de meu pai, até, se mergulhara
E te fez renunciar, malgrado a tua paixão,
À esperança final de minha possessão.
Mas agora se vê que em nada te compensa,
Se anuis a que sem luta um teu rival te vença.
Com que desigualdade a virtude amesquinhas?
Por que não a tens mais? ou então, por que é que a tinhas?
Quê! generoso és só nos atos que me ultrajem?
Não podendo ofender-me, então não tens coragem?
Tratas, além do mais, meu pai com tal rigor
Que, após vencê-lo, hás tu de ter um vencedor?
Vai, sem querer morrer, deixa que eu te persiga,
E a resguardar tua glória e tua honra, ao menos, liga.

Dom Rodrigo

O conde estando morto, e os mouros já desfeitos,
Precisa a minha glória ainda de outros efeitos?
Não tem que se empenhar mais em me defender;
Sabem que o meu valor, que ousa tudo empreender,
Por lei suprema tem nada haver neste mundo,

Que não venha ao amor de minha honra em segundo.
Podeis crê-lo, senhora, eu posso em tal peleja
Morrer sem que a minha honra invalidada veja,
Sem que ousem me acusar de falta de valor,
Sem ser vencido, e sem que tenha um vencedor.
Apenas se dirá: "Ele amava Ximena:
Não quis viver, já que a ódio eterno ela o condena;
E ele próprio cedeu à imposição da sorte,
Que obrigava sua amada a lutar por sua morte:
Seu peito ousado, ao vê-la a instar o seu trespasse,
Crera em crime incorrer, se o anelo lhe negasse.
Por vingar a sua honra o seu amor perdia,
Por vingar sua amada ele deixou o dia,
E, apesar da esperança em sua alma contida,
Prepondo a honra a Ximena, e Ximena à sua vida."
Meu desenlace, assim, sem ser-lhe um empecilho,
Vai realçar ainda mais de minha glória o brilho;
E essa honra seguirá trespasso voluntário,
Que não pudera obter jamais um adversário.

XIMENA

Já que por te impedir que corras ao trespasso,
São tua honra e tua vida óbice tão escasso,
Rodrigo, se eu jamais te amei, teu braço vença,
A fim de que a dom Sancho agora eu não pertença;
Combate por livrar-me de uma condição
Que me entrega a um objeto ao qual tenho aversão.
Digo mais: que o teu peito à tua defesa ligue,
E meu dever forçando, ao silêncio me obrigue;
E, se em tua alma amor por mim ainda te acena,

O Cid

Sai vencedor da ação de que o prêmio é Ximena.
Adeus, com essa palavra eu ardo de vergonha.

Dom Rodrigo

Há um inimigo a quem, ora, a lei não imponha?
Navarreses, surgi, mouros e castelhanos,
Tudo o que a Espanha tem de valores ufanos,
Sim, formai, todos vós, unidos, uma armada,
Por combater a mão destarte encorajada!
Vosso esforço juntai contra esperanças tais:
Para a aura lhes romper, todos vós não bastais.

Cena II

A Infanta

Ouvir-te-ei, de meu berço inata reverência,
    Oposta à flama em mim acesa?
Ouvir-te-ei, da paixão do amor doce potência,
Que dessa altiva lei recusa ser a presa?
    A qual dos dois, pobre princesa,
    Deves prestar, pois, obediência?
De teu valor, Rodrigo, é de mim digno o brilho;
És valoroso herói, mas de um rei não és filho.

Mandas, sorte cruel, cujo rigor separa
    De minha glória o meu desejo,
Que a seleção que fiz da virtude mais rara,
Dê a meu coração de tanta mágoa o ensejo?
    Fadada a quantos ais me vejo!

Meu peito a que ânsias se prepara,
Não obtendo jamais neste transe incessante,
Nem de extinguir o amor, nem de aceitar o amante?

Escrúpulos sem nexo! a razão não me soa
    Que tal escolha desprezeis!
Se meu berço tão-só a monarcas me doa,
Rodrigo, posso com honra acatar tuas leis.
    Após triunfares de dois reis,
    Pode faltar-te uma coroa?
Do nome áureo de Cid, a que fizeste jus,
Por reinar sobre mim, não bastaria a luz?

Ele é digno de mim, mas pertence a Ximena;
    Do dom que fiz é o triste efeito.
Nem a morte de um pai deles o amor aliena,
O dever da vingança atém-se a um fraco pleito;
    Não esperemos, pois, proveito,
    De seu crime ou de minha pena.
Já que, por me punir, permitiu a fortuna
Que amor tão fiel até dois inimigos una.

Cena III

A Infanta, Leonor

A Infanta

Onde vens, Leonor?

O Cid

LEONOR
Aplaudir-vos a calma,
Senhora, finalmente outorgada a vossa alma.

A INFANTA
Calma, quando em dobrado a aflição me recorre?

LEONOR
De esperança o amor vive, e se com ela morre,
Rodrigo em vosso ardor já não vos encoraja.
Sabeis vós do combate em que Ximena o engaja;
Já que ele ou vai morrer, ou vai ser seu esposo,
Morre a vossa esperança, e a vós torna o repouso.

A INFANTA
Ah, que longe que está!

LEONOR
Que podeis esperar?

A INFANTA
Que esperança, ao contrário, aí me hás de vedar?
Rodrigo em luta está sob essas condições,
Mas, contra o seu efeito, ainda tenho invenções.
E a paixão, como autor de meus cruéis suplícios,
É que ensina a quem ama um mundo de artifícios.

LEONOR
Que fareis, se nem pôde, entre eles, um pai morto
Acender a discórdia em seu ânimo absorto?

Ximena, é de se ver, prova por sua conduta,
Que o ódio já não é motivo de sua luta.
Ela obtém um combate, e por seu assaltante,
O primeiro a surgir aceita num instante:
Nem pensa em recorrer a essas mãos generosas
Laureadas, antes já, por façanhas gloriosas;
Dom Sancho é quem lhe basta, e ela essa escolha fez,
Porque se vai armar pela primeira vez;
Sua pouca experiência é o que em tal luta ama;
Ela está sem temor, porque ele está sem fama.
E essa facilidade é que nos dá a ver
Que ela um combate quer que lhe anule o dever,
No qual o seu Rodrigo um fácil triunfo aufira,
E que a autorize enfim a descartar sua ira.

A Infanta

Vejo-o, e meu coração que nada disso ignora,
No entanto, qual Ximena, ainda esse herói adora.
Amante infortunada, a que resolver-me-ei?

Leonor

A lembrar de que sangue originais: um rei
É o que vos deve o céu, e um súdito é o que amais.

A Infanta

O objeto desse amor o mesmo não é mais.
Já não amo Rodrigo, um simples gentil-homem,
Faz-se jus que a esse nome outros nomes se somem;
Quem amo é autor de ações coroadas de lauréis,
É o valoroso Cid, o senhor de dois reis.

O Cid

No entanto, vencer-me-ei; não que tema a censura,
Mas para não turbar chama tão bela e pura;
E, inda que em meu favor o tivessem coroado,
Não quero retomar um bem que tenho dado.
Sendo certa, em tal luta, a sua vitória plena,
Vamos mais uma vez presenteá-lo a Ximena.
E tu, que o lance vês que o coração me vara,
Vem me ver terminar aquilo que iniciara.

Cena IV

XIMENA, ELVIRA

XIMENA

Elvira, como eu sofro e digna sou de dó!
Sem saber o que espere, apreensões veio só;
Nada posso almejar de que não me defenda;
Não ter desejo algum de que não me arrependa.
As armas fiz tomar, por mim, a dois rivais:
E o êxito mais feliz custar-me-á prantos mais;
Ainda que em meu favor queira arbitrar o fado,
Ou não vingo meu pai, ou morre meu amado.

ELVIRA

Por um e outro lado eu vos vejo aliviada:
Haveis de ter Rodrigo, ou ver-vos-eis vingada.
E malgrado o que arbitre um fado generoso,
Ou vos sustenta a glória, ou vos dá um esposo.

Ximena

Quê! o alvo de meu ódio ou então de meu furor,
De Rodrigo o assassino ou o de meu genitor,
De ambos os lados, pois, querem dar-me um marido
Tinto do que me foi o sangue mais querido!
De ambos os lados, ai, meu coração rebela:
Temo mais do que a morte o fim dessa querela.
Vingança, amor, e o mais com que assim me aborreço,
Doçuras, para mim, não tendes a esse preço:
E tu, motor de um fado autor de tanto ultraje,
Põe a esse embate fim, sem que a alguém avantaje,
Sem que seja um dos dois vencido ou vencedor.

Elvira

Seria vos tratar com auge de rigor.
Tão-só tormento novo em vós tal duelo atiça,
Se vos deixar forçada a demandar justiça,
A dar sempre à vossa ira em alta voz suporte,
E a sem repouso instar de vosso amante a morte.
Melhor seria, sim, de seu brio a constância
Coroar-lhe a fronte e impor silêncio à vossa instância;
A lei desse combate abafar vossos ais,
E o rei vos obrigar àquilo que almejais.

Ximena

Se ele for vencedor, podes crer que eu me renda?
Manda em mim o dever de uma perda tremenda,
E não há de bastar, para ditar-lhe a lei,
Aquela do combate e a vontade do rei.

O Cid

Pode vencer dom Sancho, e sem dificuldade,
Mas de Ximena não, com ele, a lealdade,
E, inda que me haja entregue o rei à sua vitória,
Mil inimigos mais far-lhe-á a minha glória.

Elvira

Temei, por vos punir desse orgulho insensato,
Que o céu permita enfim que vos vinguem de fato.
Como! ainda vos negais à dita assinalada
De poderdes ficar com plena honra calada?
Que espera esse dever? de que auspício se imbui?
A morte de um amante um pai vos restitui?
Um golpe de infortúnio inda não é o que baste?
Quereis perda após perda e dor que em dor se engaste?
No capricho em que o humor de vossa alma se obstina,
Não mereceis o herói que tudo vos destina;
E veremos do céu o juízo rigoroso,
Por sua morte, vos dar dom Sancho por esposo.

Ximena

Elvira, já me basta agüentar meu suplício,
Não o vás redobrar com tão funesto auspício.
Quero a ambos evitá-los, isto é, se o consigo,
Senão, neste combate, inclino-me a Rodrigo:
Num louco ardor por ele aí não me desmancho,
Mas, se vencido, ah, céus! possuir-me-ia dom Sancho,
E esse receio faz com que me atraia a mira...
Que vejo, ah, desgraçada! acabou tudo, Elvira.

Corneille

Cena V

Dom Sancho, Ximena, Elvira

Dom Sancho
Senhora, a vossos pés vim depor esta espada…

Ximena
Do sangue de Rodrigo, ah! toda ainda encharcada!
De chegar-me à presença é que tens a ousadia,
Depois de me tirar tudo o que eu mais queria?
Surgi, amores meus, sem constranger-vos mais;
Meu pai se satisfez, nada há já que temais;
Um só golpe deixou minha glória a coberto,
Minha alma em desespero, e o meu amor liberto.

Dom Sancho
Com índole mais calma…

Ximena
                    Ainda me estás falando,
Do herói que adoro, tu, assassino execrando!
Vai, venceste à traição; guerreiro tão valente
Jamais sucumbiria às mãos de tal oponente.
Nada esperes de mim, por ti não fui servida!
Pensando me vingar, privaste-me da vida.

Dom Sancho
Mas que estranha impressão, que, em vez de ouvir-me, assim…

O Cid

XIMENA

Queres ainda ante mim jactar-te de seu fim?
Que te ouça a te ufanar e a vangloriar-te todo
De seu fado infeliz, meu crime e teu denodo?

Cena VI

Dom Fernando, Dom Diogo, Dom Arias, Dom Sancho,
Dom Alonso, Ximena, Elvira

XIMENA

Senhor, não tenho mais que vos dissimular
O que esforço algum meu vos pudera ocultar.
Amava, mas meu pai tinha que ser vingado;
Tive de proscrever quem por mim era amado;
E pôde ver, senhor, a vossa majestade,
Como ao dever cedeu minha ardente amizade.
Morreu Rodrigo enfim, e sua fatal desdita,
Da opoente, sem perdão, fez uma amante aflita.
A quem me deu o dia eu devia a vingança;
Devo, ora, a meu amor, do pranto a eterna fiança.
Dom Sancho me destruiu ao tomar-me a defesa,
E de quem me perdeu, eu sou o prêmio e a presa!
Senhor, se pode o dó comover ainda um rei,
Revogai, por mercê, uma tão dura lei;
Por paga de um triunfo o qual do amor me priva,
Entrego-lhe meus bens: que eu para mim só viva,
E num convento, a sós, chore em pranto incessante,
Até meu último ai, meu pai e meu amante.

Dom Diogo

Ela ama, enfim, senhor, e já não vê um crime
Nesse lídimo amor que por sua voz se exprime.

Dom Fernando

Ximena, sai do error, Rodrigo não morreu;
Dom Sancho do ocorrido imagem falsa deu.

Dom Sancho

Meu rei, seu vivo ardor a enganou nesse trecho:
Eu vinha lhe narrar do combate o desfecho.
O generoso herói, que amor lhe influi sem-par,
"Nada temas, me disse, após me desarmar:
Do embate antes veria o êxito na incerteza,
Que verter sangue oferto a Ximena em defesa;
Mas já que o meu dever perante o rei me chama,
Vai, e em meu nome narra o embate à minha dama,
E, pelo vencedor, lhe entrega a tua espada."
Senhor, vim, e esse objeto a deixou enganada;
Por vencedor me teve ao ver-me de regresso,
E seu furor traiu de seu amor o excesso
Num súbito transporte, e tamanha impaciência,
Que já não pude obter um momento de audiência.
E, ainda que vencido, eu me julgo feliz;
Se com meu voto ardente esse fim não condiz,
Ainda amo, ao perder tudo, esta minha derrota,
Em que o êxito feliz de amor tão belo brota.

Dom Fernando

Filha, não cores, não; influíste alto sentido

O Cid

A um fogo ao qual não tens, já, de dar desmentido.
Debalde pejo honroso a tal te solicite,
Para com o teu dever, te vês agora quite;
Satisfez-se teu pai, e o vingou o perigo
Em que, vez após vez, puseste o teu Rodrigo.
Vês como o céu dispõe tudo por outra base,
Basta o que feito tens: por ti, ora, algo faze,
E rebelde és ao rei, se contra um juízo clamas
Que dá à tua paixão o esposo que tanto amas.

Cena VII

Dom Fernando, Dom Diogo, Dom Arias,
Dom Rodrigo, Dom Alonso, Dom Sancho, a Infanta,
Ximena, Leonor, Elvira

A Infanta
Ximena, enxuga o pranto, e aceita sem tristeza
Tão magno vencedor das mãos de tua princesa.

Dom Rodrigo
Senhor, que como ofensa a meu rei não se afiance,
Que, ante vós, a seus pés preito de amor me lance.
Não vim cobrar meu prêmio e ser do tento pago,
Senhora, ainda uma vez a cabeça eu vos trago,
E, em meu fiel amor, por mim não me aterei
À lei daquele embate ou ao que deseja o rei.
Se, pelo fim de um pai, o feito é paga escassa,
Dizei-me o meio então por qual vos satisfaça.

Combater mil e mil rivais é o que ele encerra?
Levar trabalhos meus aos dois confins da terra?
Forçar um campo a sós, pôr em fuga uma armada,
De míticos heróis superar a nomeada?
Se meu crime por tal se pode enfim lavar,
Posso tudo empreender e tudo terminar
Mas, se, para abrandar tão rigoroso juízo,
A morte do culpado é o que for preciso,
Contra mim não armeis, já, outros, neste passo;
A vossos pés estou: vos vingue o próprio braço,
Só é dado a vossas mãos vencer um invencível,
Tornai uma desforra a todo outro impossível;
Mas, para me punir, vos baste essa vingança.
Não me exileis, também, de todo da lembrança,
E já que vos preserva o meu trespasse a glória,
Em paga de meu fim, guardando-me à memória,
Uma e outra vez pensai, para o meu reconforto:
"Foi tão-só por me amar que Rodrigo está morto."

XIMENA

Reergue-te, Rodrigo. A hora à verdade obriga,
Meu rei, falei demais, para que me desdiga.
Rodrigo prendas tem a que ódio não sei ter:
E, quando manda um rei, temos que obedecer.
Mas, ainda que tenhais julgado já meu pleito,
Há de ser por vós mesmo esse himeneu aceito?
E, impondo a meu dever que tal esforço aborde,
Vossa justiça toda há em tal de estar concorde?
Se Rodrigo ao Estado é assim tão necessário,
Do que ele fez por vós, devo eu ser o salário

O Cid

E me entregar eu mesma à censura eternal
De ter banhado as mãos no sangue paternal?

Dom Fernando
Quanta vez já se deu que o tempo legitime
O que pôde, de início, aparentar ser crime.
Rodrigo te ganhou, e deves-te a esse enlace.
Mas, por mais que seu braço hoje te conquistasse,
Seria um inimigo o rei de tua glória,
Cedesse-lhe tão já o prêmio da vitória.
Esse himeneu adiado a lei não elimina
Que, sem marear o tempo, a tua fé lhe destina.
Querendo-o, um ano tens para secar teu pranto.
Rodrigo, hás de pegar em armas entretanto,
Venceste o mouro, já, sobre estas nossas bordas,
Destruíste intentos seus, repeliste-lhe as hordas.
Agora, em seu país, vai retrazer-lhe a guerra,
Comandar minha armada e devastar-lhe a terra.
Vão, ao nome de Cid, encher-se de pavor
E ver seu rei em quem nomearam já Senhor.
Mas, de lhe ser fiel, em meio às glórias, zela:
Volta, se se puder, mais digno ainda dela,
Com altos feitos teus de louros tão coberto,
Que lhe seja uma glória o nó que lhe é oferto.

Dom Rodrigo
Por meu rei — por Ximena, e obtê-la — que não faço?
Que podem me ordenar, que não me obtenha o braço?
E, inda que o mal da ausência eu tenha que aturar,
Ventura me há de ser o poder esperar.

DOM FERNANDO
Espera em teu valor, na fé que o rei te deu;
E, sendo de Ximena o coração já teu,
Se ainda a ti se opõe de um ponto de honra a lei,
Deixa que o vença o tempo, o teu braço e teu rei.

HORÁCIO
Tragédia em cinco atos

PERSONAGENS

Túlio	*rei de Roma*
O velho Horácio	*cavaleiro romano*
Horácio	*seu filho*
Curiácio	*gentil-homem de Alba, amante de Camila*
Valério	*cavaleiro romano, apaixonado por Camila*
Sabina	*mulher de Horácio e irmã de Curiácio*
Camila	*amante de Curiácio e irmã de Horácio*
Júlia	*dama romana, confidente de Sabina e de Camila*
Flaviano	*soldado do exército de Alba*
Próculo	*soldado do exército de Roma*

Cena em Roma, numa sala da casa de Horácio.

PRIMEIRO ATO

Cena I

SABINA, JÚLIA

SABINA

Aturai-me a fraqueza, e o andar eu tão aflita;
Demais se justifica em tão grande desdita:
Prestes a ver cair sobre si a tormenta,
Ao coração mais firme, até, o assombro assenta;
E espíritos viris e da feição mais rude,
Tampouco, sem abalo, ater-se-ão à virtude.
Ainda que em transes tais o meu se encha de espanto,
Firmo a emoção, a fim de que não chegue ao pranto;
E, entre as invocações que envio ao céu eterno,
Ainda o surto, em mim, das lágrimas governo.
Contanto que assim, da alma, as aflições se domem,
Faz-se mais que mulher, se menos do que um homem.
Dominar o seu pranto em hora tão premente,
Para o sexo é mostrar firmeza suficiente.

Corneille

Júlia

Talvez, em se tratar de almas de reles cunho,
Que do menor perigo auguram o infortúnio.
Mas a ânimos de escol é um temor vergonhoso;
E ousam tudo esperar do êxito duvidoso.
Os dois campos ao pé estão já das muralhas,
Mas Roma ignora ainda o que é perder batalhas.
Sem que tremais por ela, a deveis aplaudir:
Já que vai combater, só se pode expandir,
Bani, pois, a apreensão que os brios vos profana,
E votos concebei, dignos de uma romana.

Sabina

Sou romana, ai de mim: já que Horácio é romano;
O título auferi, com a união de que me ufano;
Mas me escravizaria o nó formado aqui,
Se me impedisse ver a terra em que nasci.
Alba, onde eu comecei a respirar a luz,
Que a meu primeiro amor, querida Alba, fez jus,
Ah, quando entre ela e nós eu vejo aberta a guerra,
Nossa queda ou triunfo, um e outro a alma me aterra.
Se a tua queixa for, Roma, eu te atraiçoar,
Escolhe um inimigo ao qual eu possa odiar.
Ao ver de ambas, Roma e Alba, o exército aguerrido,
Num os meus três irmãos, e no outro o meu marido,
Que votos formarei para, sem impiedade,
Importunar o céu por tua felicidade?
Eu sei que o teu Estado, inda em sua nascença,
Não firmará o poder sem guerra e sem que vença;
Sei que deve crescer, que seus magnos destinos

Horácio

Não o hão de restringir entre os povos latinos;
Que os deuses te hão predito o domínio da terra,
E que só podes ver-lhe o efeito pela guerra.
Bem longe de me opor a uma tão nobre empresa,
Que acata a ordem divina e te leva à grandeza,
Com orgulho já quisera eu ver guerreiros teus,
Com passo triunfal transpondo os Pirineus.
Sim, até o Oriente vai levar teus batalhões;
Sobre as margens do Reno alça os teus pavilhões:
Que a bravura aos confins, até, de Hércules leves,
Mas respeita a cidade à qual Rômulo deves.
Lembra-te, ingrata que és, do sangue de seus reis
Provêm os teus bastiões, nome e primeiras leis.
A tua origem é Alba: estaca, pensa no erro,
Que ao seio de uma mãe está levando o ferro.
De teu poder marcial busque o ímpeto outros trilhos,
Com júbilo o ouvirão de Alba os ditosos filhos;
E substituindo o amor materno ela à querela,
Os seus votos terás, se não és mais contra ela.

Júlia

Admira o que dizeis, pois neste tempo todo
Em que Roma contra Alba armou o seu denodo,
Sempre vos vi mostrar por ela indiferença,
Como se fôsseis, vós, romana de nascença.
Vossa virtude alcei, dando a um esposo amparo
Contra o país o qual vos fora antes tão caro.
E ainda vos confortava em meio a dissabores,
Como se só por Roma abrigásseis temores.

CORNEILLE

SABINA
Quando em atritos, só, se viam face a face,
Fracos demais por que uma a outra derrubasse,
Da esperança de paz nutrindo ainda o engodo,
Pus a vaidade em ser romana, só, de todo.
Se Roma vi feliz com júbilo incompleto,
Logo em mim condenei o desprazer secreto;
E se senti, ao ver-lhe algum revés às mãos,
Certo prazer maligno em prol de meus irmãos,
Recorria à razão que tão logo o abafava,
E chorei, quando a glória em casa lhes entrava.
Mas quando hoje a derrota a uma delas incumbe,
Que Alba se torna escrava, ou que Roma sucumbe,
Quando, após a batalha, houver se esvanecido
O óbice ao vencedor, e a esperança ao vencido,
A meu país teria aversão inumana,
Se pudesse ainda ser totalmente romana
E dos céus implorasse o triunfo em vosso empenho,
Pagando-o com um sangue ao qual tanto amor tenho.
Já não é um homem só que os meus anelos soma:
Não posso ser por Alba e não sou mais por Roma.
Por uma e outra temendo essa última peleja,
Só posso ser por quem a sorte adversa seja.
Igual para uma e outra até a final vitória,
Nos males terei parte e lucro algum na glória;
E assim conservo em meio a esses fatais rigores
Aos vencidos meus ais, meu ódio aos vencedores.

JÚLIA
Como vemos reagir, em situações adversas,

Horácio

Diversos corações com emoções diversas!
E que outra a nosso olhar Camila se revela!
Seu mano é vosso esposo, o vosso é amante dela;
Mas difere de vós, e vê por outra cor
Seu irmão numa armada e na outra o seu amor.
Quando a Roma, tão-só, prestáveis vós tributo,
Seu espírito incerto, em tudo irresoluto,
Alheava-lhe ao menor atrito já a coragem;
De um e de outro partido execrava a vantagem,
Dedicava ao vencido, apenas, seus lamentos,
E destarte nutria eternos sofrimentos.
Mas ontem, quando soube a data estar fixada,
E que a batalha iria, afinal, ser travada,
Com súbita alegria a iluminar-lhe a testa…

Sabina

Temo, ah, de tal mudança a rapidez funesta:
Se a Valério mostrou uma alegria tal,
Decerto meu irmão sacrifica ao rival;
Seu ser, que abala a fundo a situação presente,
Não favorece, após dois anos, um ausente.
Mas perdoai o temor de meu amor fraterno;
Por ele é que razões de suspeição externo;
Não há base em que tal inquietação se escude:
Pouca gente há que, em hora extrema, de alvo mude:
E sem que a alma se entregue a novos ferimentos,
Em tão grande aflição tem-se outros pensamentos.
Mas também não se admite entrevista tão doce,
Nem se explica o prazer que ela ao encontro trouxe.

JÚLIA

Como vós, vejo nisso alguma causa obscura,
E não me satisfaz nenhuma conjectura.
É ter constância assaz, numa ameaça irrestrita,
Vê-la, a estar aguardando, e não mostrar-se aflita;
Mas decerto é demais chegar até a alegria.

SABINA

Pois vede, em boa hora um gênio bom a envia.
Tentai que sobre o assunto ela convosco fale:
Bastante bem vos quer, para que nada cale.
Vou-me. Fazei, irmã, a Júlia companhia:
Pejo-me de mostrar tanta melancolia,
E em mil inquietações meu triste coração,
Para ocultar seus ais, procura a solidão.

Cena II

CAMILA, JÚLIA

CAMILA

Quer que eu vos entretenha, enquanto a tal se esquiva!
Crê ser a minha dor menos que a dela viva?
E que insensível mais a tão grandes desgraças,
Misture às orações lágrimas mais escassas?
Iguais temores sente a minha alma alarmada;
Tanto quanto ela perco, eu, numa e noutra armada:
Meu amado verei, maior tesouro meu,
Destruir o meu país, ou morrer pelo seu,

Horácio

E esse objeto de amor tornar-se no episódio
Ou digno de meus ais, ou digno de meu ódio.

Júlia

No entanto é mais que a vós que este infortúnio a toca.
Trocar-se-á algum amor, de esposo não se troca.
Curiácio ora olvidai, e recebei Valério;
Livre já do partido oposto em tal critério,
Sereis nossa de todo, e fruireis por salário
Não ter o que perder no campo do adversário.

Camila

Dai-me um conselho em qual a virtude se arrime:
Meus males lamentai sem me ordenar um crime.
Ainda que eu mal resista às mágoas e aos abalos,
Antes de que os mereça, eu prefiro aturá-los.

Júlia

O que manda a razão, tachais de crime, até?

Camila

É ação que se perdoe, a de trair-se a fé?

Júlia

A ser fiel a um imigo algo há que nos condene?

Camila

Pode algo nos livrar de uma jura solene?

Corneille

Júlia

Pois disfarçais em vão o que não é mistério:
Ainda ontem eu vos vi conversar com Valério;
E pôde lhe inspirar vosso ar assaz confiança,
Para que em si nutrisse a mais doce esperança.

Camila

Se do ânimo e alegria eu irradiava a imagem,
Não há que imaginar que lhe fosse vantagem:
De meu contentamento um outro era o objetivo.
Mas, para vos tirar do engano, eis o motivo:
A Curiácio dedico afeição demais pura
Para ainda tolerar terem-me por perjura.
Lembrai: mal sua irmã houvera a meu irmão
À luz de um himeneu feliz, entregue a mão,
Obteve de meu pai, por auge de alegria,
Que de seu casto ardor o salário eu seria.
Dia a um tempo auspicioso e de agouros cruéis!
Unindo a nossa fé, desuniu nossos reis;
Concluiu a um tempo só nosso himeneu e a guerra,
Gerou nossa esperança e a derrubou por terra.
Tudo o que prometeu, tirou nalguns instantes,
E inimigos nos fez ao nos fazer amantes.
Como infortúnios tais tivemos por extremos!
Como, a inculpar os céus, tornamo-nos blasfemos!
Quanta água não correu, então, dos olhos meus!
Já não se diga mais, vistes o nosso adeus;
Vistes-me percorrer das mágoas toda a gama,
Sabeis que votos fez pela paz minha chama,

Horácio

Que lágrimas verti a cada evento e instante,
Ora por meu país, ora por meu amante.
Meu desespero enfim, em meio a tais obstáculos,
Fez com que eu recorresse ao juízo dos oráculos.
E, do que ontem ouvi, julgai se o resultado
Pôde tranqüilizar-me o espírito abalado.
O grego tão famoso, e que ao pé do Aventino,
Há tantos anos já, nos prediz o destino,
Que Apolo nunca em falso inspira é quem assim
Com versos augurou de nosso transe o fim:
"Alba e Roma amanhã terão concluído a paz;
Teu voto assim é ouvido e é do que eu te dou parte;
E com o teu Curiácio unida tu serás,
Sem que um destino mau dele jamais te aparte."
Que alívio em mim criou desse oráculo a fiança!
E, vendo ultrapassada ainda minha esperança,
Abandonei minha alma a encantos delirantes,
Maior que a exultação em que se unem amantes.
Vede-lhe o excesso: tendo eu Valério encontrado,
Deixou de me causar como antes desagrado,
Falou-me ele de amor sem que me aborrecesse,
Nem percebi que a ele eu mostrava interesse;
Não pude demonstrar-lhe algum desprezo ou gelo,
E era Curiácio a quem eu via, estando a vê-lo:
O que ouvia, era a voz de ardores seus, devotos,
O que eu dizia, a ele afiançava os meus votos.
À batalha geral que hoje põe tudo à prova,
Ontem nem atenção dei, ao ouvir-lhe a nova.
Rejeitava meu ser tristezas para trás,

No encanto de pensar no himeneu e na paz.
A noite dissipou miragens tais. Mil sonhos
Sangrentos, mil visões de horror, sustos medonhos,
Ou antes mil montões de carnagem e horror,
Fizeram com que em mim renascesse o terror.
Mortos eu vi, e sangue, e já nada em seguida;
Um espectro ao surgir fugia de corrida;
Uma apagava a outra, e assim cada ilusão
Dobrava o meu terror por sua confusão.

Júlia
Um sonho se interpreta em seu sentido oposto.

Camila
Devo crê-lo, eu, já que é desejo de meu gosto;
Mas eis-me, não obstante o oráculo falaz,
Numa hora de batalha, em vez da hora de paz.

Júlia
Sucede a paz à guerra, e esta termina em tal.

Camila
Se for esse o remédio, então perdure o mal!
Seja que Alba sucumba, ou Roma implore a paz,
Querido amor, jamais esposo meu serás.
A aurora dessa aliança a um homem não assoma
Que seja ou vencedor, ou escravo de Roma.
Mas que visão me surge aqui neste lugar?
Curiácio, és tu, ah, posso eu fiar-me em meu olhar?

Horácio

Cena III

CURIÁCIO, CAMILA, JÚLIA

CURIÁCIO
Camila, o homem que aqui à vossa vista assoma
Não é nem vencedor, nem escravo de Roma;
Já não temais que inflija a minhas mãos o dano
De uma vil servidão ou do sangue romano.
Teria o vosso amor por Roma e pela glória
De desprezar-me, servo, e odiar minha vitória.
E, nesta contingência, a temer por inteiro
E, de maneira igual, o triunfo ou o cativeiro...

CAMILA
Curiácio, é o suficiente, eu adivinho o resto:
Subtrais-te a um combate a teu amor funesto,
E, sendo todo meu, por não romper-lhe o laço,
Privaste o teu país da ajuda de teu braço.
Que outro, aí, se quiser, vele por tua nomeada
E te reprove eu ser demais por ti amada;
Mas não cabe a Camila em tal desestimar-te:
Mais brilha o teu amor e mais deve ela amar-te,
E, ainda que devas muito à terra de que és filho,
Mais por mim deixas, mais lhe surge à luz o brilho.
Mas já viste meu pai? poderá tolerar
Que em sua casa, assim, te ouses retirar?
Não há de preferir o Estado ele à família?
A Roma mais amor não tem que à sua filha?
Nossa ventura está fora enfim de perigo?
Como genro te viu, ou bem como inimigo?

Curiácio

Viu-me ele como genro, e com ternura tal,
Que em tudo revelava alegria integral;
Mas não me viu traidor que a homens e céus despreza,
Indigno da honra mor de entrar em sua casa.
Por minha pátria o zelo em ponto algum vacila,
E minha honra ainda amo ao adorar Camila.
Enquanto a guerra ardeu foi meu afã constante
Ser tão bom cidadão quão verdadeiro amante.
De Alba com o meu amor acordava a querela:
Suspirava por vós ao combater por ela;
E, se se viesse ainda a outra luta feroz,
Por ela lutaria a suspirar por vós.
Sim, malgrado a paixão de minha alma encantada,
Se a guerra perdurasse, estaria na armada.
A paz é que me dá de vossa casa o acesso,
É à paz que o nosso amor deve o feliz sucesso.

Camila

À paz! E como se há de crer em tal milagre?

Júlia

Camila, ah! que ela assim o oráculo consagre!
E se ouça em dita tal por que prodígio, aliás,
Uma hora de batalha engendrou essa paz.

Curiácio

Quem o crera jamais? Quando ambas as armadas,
Com destemor igual ao combate animadas,

Horácio

Ameaçadoras já, e altivas desfilando,
Esperavam do ataque apenas o comando,
Em campo aberto avança o nosso ditador,
Requer a vosso rei silêncio por favor,
E logo obtendo-o, diz: "Romanos, que fazemos?
E, por virmos às mãos, incitam-nos que demos?
Deixai que nos oriente o espírito a razão:
Pensai que as filhas de Alba esposas vossas são,
Que o himeneu, tanta vez, mais nos tornou vizinhos
Que poucos filhos de um do outro não são sobrinhos.
Um sangue, um povo só, somos de homens viris;
Não nos desmembrem mais fúteis guerras civis
Em que, morto, o vencido o vencedor por fruto
Debilitado deixa, e imerso em pranto e em luto.
Inimigos comuns aguardam com presteza
Que o vencido lhes dê o vencedor por presa,
Semidestruído, exausto, um triunfador frustrado,
Do socorro dos seus por si mesmo espoliado.
Com essas dissensões lucraram já bastante:
Nossas forças comuns juntemos, doravante,
Relegando ao passado os atritos presentes
Que de guerreiros bons fazem tão maus parentes.
Se essa ambição fatal de aos outros comandar
Põe hoje o nosso e o vosso exército a marchar,
Satisfazendo-a aí perda menor de vida,
Ela nos unirá mais do que nos divida.
Para a causa comum nomeemos combatentes:
Cada povo o futuro entregue a seus expoentes;
E, conforme o que aí decidirá a sorte,
Curvar-se-á o mais fraco ante a lei do mais forte.

Mas sem que humilhações sofra um de nossos bravos:
Súditos tornar-se-ão, sem se tornar escravos,
Sem tributo ou vergonha, e sem outro rigor
Que não o de seguir na guerra o vencedor.
Surja um império só de Alba e Roma, eis a mira."
Fala e ao redor se vê como a discórdia expira:
Cada um, lançando o olhar no exército inimigo,
Reconhece um cunhado, um primo, algum amigo;
Espanta-os, que a clamar por sangue em tais dissídios,
Corressem suas mãos a tantos parricídios,
Já se lhes vê o horror dessa luta na testa,
Que ao mesmo tempo a anuência àquela escolha atesta.
A oferta é aceita, e a paz com júbilo augurada,
Sob essas condições, na mesma hora é jurada.
Por todos lutarão só três: para escolhê-los,
Os chefes com vagar dedicam seus desvelos,
O vosso no senado, em sua tenda o nosso.

CAMILA
Com que júbilo, ah céus! essas notícias ouço!

CURIÁCIO
Em duas horas surge a decisão, depois
Firmar-nos-á a sorte a desses seis heróis.
Até surgir seu nome, estamos livres já;
Roma está em nosso campo, e o nosso em Roma está,
O acesso é em ambos livre, e com velhos amigos
Cada qual quer reatar nesta hora os nós antigos.
Seguir vossos irmãos foi meu feliz ensejo,
E obteve êxito tal o meu maior desejo,

Horácio

Que já para amanhã, para auge de elação,
Vosso pai me afiançou o dom de vossa mão.
Rebelde a seu poder vossa alma não será?

Camila
De uma filha o dever na submissão está.

Curiácio
Vinde pois receber tão grato mandamento,
Que leva ao apogeu o meu contentamento.

Camila
Corro a ver meu irmãos, e a ouvir deles ainda
O milagre feliz que a miséria nos finda.

Júlia
Ide, e aos altares vou render eu graças mais,
Por vós e pela paz, aos nossos imortais.

SEGUNDO ATO

Cena I

Horácio, Curiácio

Horácio
Roma não dividiu, então, a sua estima;
Com uma escolha só, seu lustre legitima:
A cidade altaneira, em vós e os vossos manos,
Antepõe três heróis a todos os romanos,
E sua soberba ilustre, a toda audácia pronta,
Com uma casa só, de Alba todas afronta.
Dir-se-ia, em vossas mãos lhe vendo os magnos planos,
Fora os filhos de Horácio, o não haver romanos.
Podia a escolha imbuir três famílias de glória,
Consagrar com fulgor seus nomes à memória:
Sim, a honra sem igual, que, à vossa, apenas, fez,
Imortalizaria à luz da história três;
Mas já que é entre vós que a favorável sorte
Colocou minha irmã e me elege a consorte,
No que de vós serei, como em que eu já sou vosso,
Nessa honra participo o tanto quanto posso;

Contudo outro dever me constrange a alegria,
E um lídimo temor a essa doçura alia.
Já deu tal glória a guerra a vosso brio extremo
Que, a prever-lhe o infortúnio, hoje por Alba tremo.
Já que a combateis vós, sua perda é assegurada;
Se a sorte vos nomeou, é que ali foi jurada;
Demais em sua escolha auguro o adverso plano,
E assim me conto já por súdito romano.

Horácio

Por Alba não temais, Roma antes lastimai,
Vendo os que esquece, e os três em que esta escolha cai.
Poderá ser cegueira a seu fado fatal,
Ter tanto que escolher e ela escolher tão mal.
Entre os seus filhos mil serão mais dignos dela,
Poderiam melhor sustentar-lhe a querela;
Mas ainda que me augure esse combate a cova,
Orgulho-me com a escolha e o ser eu posto à prova;
Concebe ardor viril o meu ser neste passo,
E muito ouso esperar de meu valor escasso:
Talvez já tenha a sorte um plano adverso pronto,
Mas por súdito vosso em caso algum me conto.
Roma em mim crê. Minha alma, em tal honra embebida,
Cumprir-lhe-á a esperança, ou deixará a vida.
Raro é triunfar de quem quer vencer ou morrer:
Difícil é um afã tão nobre perecer.
E escrava de Alba não será Roma jamais,
Sem que selem sua queda os meus supremos ais.

Curiácio

Ai de mim! é por tal que mereço piedade.

Horácio

O que o meu país quer, teme a minha amizade.
Transe fatal o meu, ver Alba assujeitada,
Ou pagar seus lauréis com vida tão amada,
E que o único, alto bem que os desejos lhe atrai,
Só o possa ela auferir por vosso último ai!
Que votos formarei? posso esperar que dita?
De ambos os lados tudo a lágrimas me incita.
Roma e Alba, ambas vós, os votos me trais.

Horácio

Chorar-me-eis, como! se eu morrer por meu país!
Tem para um ser brioso um tal trespasso encantos,
A glória com que o imbui não pode admitir prantos,
E havia eu de o acolher como bênção da sorte,
Se não ferisse Roma e o Estado a minha morte.

Curiácio

A amigos permiti temerem tal pesar;
Serão, em tão belo ato, eles de lastimar:
Se é glória para vós, pesar para eles traz;
Por infortúnio têm o que imortal vos faz:
Perde tudo quem perde um tão fiel amigo.
Mas Flaviano aqui vem, com novas, ter comigo.

Cena II

Horácio, Curiácio, Flaviano

Curiácio

De três guerreiros, Alba, então, a escolha fez?

Flaviano
Disso vos venho instruir.

Curiácio
Pois bem, quem são os três?

Flaviano
Os vossos dois irmãos e vós.

Curiácio
Quem? dizes?

Flaviano
                Vós,
E os vossos dois irmãos. Que olhar, que estranha voz
Me acolhe? A escolha é má?

Curiácio
           Não, mas me é surpreendente;
Digno não me julguei de honra tão transcendente.

Flaviano
Direi ao ditador, cuja ordem cá me envia,
Que a estais a receber com tão pouca alegria?
Por meu turno me admira essa falta de ardor.

Curiácio
Dize-lhe que a amizade, os nós da aliança e o amor
Não poderão jamais fazer que os três Curiácios
Não sirvam seu país diante dos três Horácios.

Horácio

Flaviano
Contra eles! é falar pouco e dizer assaz!

Curiácio
Vai com minha resposta e deixa-nos em paz.

Cena III

Horácio, Curiácio

Curiácio
Que doravante os céus, os infernos e a terra
Juntem seu furor todo, em nos fazer a guerra;
Que os homens, que o destino, os deuses e os demônios
Preparem contra nós seus trâmites medonhos!
Jamais farão pior, no estado em que nos vemos,
Nem homens, nem destino e nem deuses ou demos.
Tudo o que têm de horrendo e de cruel e atroz,
Menos do que a honra o é, que fazem a ambos nós.

Horácio
O destino, ao abrir-nos da glória a barreira,
Doa a nossa constância uma ilustre carreira;
Em criar o infortúnio o poder toda esgota,
Para medir melhor de nosso brio a quota;
E como vê em nós ânimos invulgares,
Fora da ordem nos cria auspícios singulares.
Pelo bem do país opor-se a um adversário,
Enfrentar de um estranho os golpes, solitário,
Comum efeito esse é de um simples brio e zelo:

CORNEILLE

Mil o têm feito já, mil poderão fazê-lo;
Morrer por seu país é tão honrosa sorte,
Que em massa aspirar-se-ia a uma tão bela morte;
Mas, para o bem geral, o que se ama, imolar,
Contra quem é outro Eu, a luta ao fim levar,
Atacar quem nomear por combatente ousa
O amante de uma irmã e os irmãos de uma esposa,
Rompendo tantos nós, lançarmos a investida
Contra um sangue por qual dar-se-ia a própria vida,
Só a nós se dá que tal virtude na alma assome;
Poucos hão de almejar por tal preço o seu nome,
E poucos a terão no peito assaz gravada,
Para ousar aspirar ao sol de tal nomeada.

CURIÁCIO
Não se nega: há de ser nosso nome imortal;
Devemos ter amor a um privilégio tal.
Da virtude mais rara o espelho em si contém;
Mas vossa rigidez de bárbaro algo tem:
Até a alma mais briosa abster-se-á da vaidade,
De ir por caminho tal para a imortalidade.
Por mais alto que valha aquela fumarada,
Ser obscuro é melhor que o sol de tal nomeada.
Por mim, ouso dizê-lo, e é o que pudestes ver,
Nem sequer vacilei em seguir meu dever;
Nossa longa amizade, a voz do amor, a aliança,
Nada pôde pesar um mero ai na balança:
E já que de Alba a escolha indica, com efeito,
Ela estimar-me qual por vós Roma o tem feito,
Por Roma o que fareis, faço eu por Alba. Sim,
Tenho valor igual: mas homem sou, enfim.

Horácio

Vossa honra de meu sangue exige o jorro franco,
Consiste a minha toda em vos abrir o flanco.
Quase a esposar a irmã, devo matar o irmão,
E voto a meu país, nesse ato infenso a mão.
Mas, ainda que ao dever eu corra sem terror,
Meu coração se abala e estremece de horror;
Tenho dó de mim mesmo e ardente inveja sinto
Daqueles cuja vida a guerra há já extinto.
Ainda assim meu desejo à empresa não se esquiva:
Sem me abalar me move essa aura triste e altiva:
Se choro o que me tira, amo-a no que me exalta;
E, se Roma exigir virtude ainda mais alta,
Rendo graças aos céus por não ser eu romano,
E ainda conservar qualquer coisa de humano.

Horácio

Se romano não sois, sede digno de sê-lo,
E, a me igualar, fazei por melhor parecê-lo.
Não admite um rigor do qual orgulho tenho,
A fraqueza de par com o seu total empenho;
E na carreira é entrar com honra já falaz,
Desde o primeiro passo olhar-se para trás.
Nosso infortúnio é grande: está no ponto extremo;
De todo o encaro, mas o seu horror não temo.
Seja contra quem for: se o meu país me emprega,
Sigo-lhe a honrosa lei com alegria cega;
A de se receber tão santo mandamento,
Deve abafar em nós todo outro sentimento.
Quem na hora de acatá-lo algo de outro resguarda.
Para, com o seu dever, de antemão se acovarda;
Um tão sagrado jus rompe todo outro laço.

Nada hei de examinar: Roma escolheu meu braço.
Com júbilo total, tão pleno, franco e são
Como esposei a irmã, combaterei o irmão;
E, por pôr termo enfim a raciocínios tais,
Alba hoje vos nomeou, não vos conheço mais.

CURIÁCIO

Eu vos conheço ainda, e é isto o que me mata;
Mas dessa apre virtude ignoro a glória ingrata;
Como o nosso infortúnio, ultrapassa o limite:
Que a admire, permiti, contudo, sem que a imite.

HORÁCIO

Não pode, na virtude, haver constrangimento;
E, já que mais encanto encontrais no lamento,
Livremente usufrui ora um tão doce bem;
Para gemer convosco, aqui minha irmã vem.
Vou ver a vossa, e instar que à sua alma requer
Sempre se recordar que ela é minha mulher,
Mas sem que odeie o irmão; e inda que às mãos vos morra,
Que a brios de romana a sua dor recorra.

Cena IV

HORÁCIO, CURIÁCIO, CAMILA

HORÁCIO

Minha irmã, vistes que honra é a de Curiácio? Faz-se
Mister, ora...

Horácio

Camila
Ai de nós! tudo mudou de face.

Horácio
Mostrai ser minha irmã: firmai a alma em tal passo;
Se regressar triunfante, ele, por meu trespasso,
Nele não deveis ver de um irmão o assassino,
Mas um homem de bem que cumpre o seu destino,
Que em servir seu país até o extremo não falha,
E que é digno de vós em que a virtude valha.
Como se eu fosse vivo, efetuai o himeneu;
Mas, se cortar-lhe a vida, a ele, este aço meu,
Votai-me a mim também um trato semelhante,
Sem me exprobrar jamais a morte desse amante.
Aos prantos e à opressão a vossa alma está presa.
Com ele ora esgotai toda a dor e fraqueza,
Maldiçoai terra e céus, o azar que vos abate;
Mas não se pense mais no morto, após o embate.
                (*a Curiácio*)
Com ela instantes, só, vos deixo, e logo após
Iremos aonde a honra está a chamar por nós.

Cena V

Curiácio, Camila

Camila
Irás, meu coração, e essa honra infortunada
À custa da ventura e nosso amor te agrada?

Corneille

Curiácio

Manda o destino aí; louvasse-o, ou chorasse-o,
Devo morrer de dor ou pela mão de Horácio.
Como a um fatal suplício a este alto encargo sigo,
Mil vezes o conceito em que me têm maldigo,
Esse valor que faz com que Alba assim me estime;
Meu fogo, em desespero, está a atingir o crime,
Chega a implicar com o céu e lhe ousa odiar o juízo;
Lastimo a vós e a mim; mas que eu vá, é preciso.

Camila

Não; o que almejas, sei: que eu mil súplicas use,
Para que o meu poder à pátria te excuse.
Demais famosos são, já, tua lança e escudo:
O que a Alba deves, já de ti o obteve em tudo.
Ninguém melhor que tu sustentou esta guerra;
Ninguém de mortos mais cobriu a nossa terra:
Teu nome no auge está da glória; há o que lhe falte?
Deixa que com nomeada igual outro se exalte.

Curiácio

Deixar que ao meu olhar cinjam uma outra testa
Os lauréis imortais que a glória hoje me apresta,
Ou que possa lançar-me o país todo à face
Que, se eu lutado houvesse, ele talvez triunfasse?
Que meu brio, no amor adormecido à toa,
Aos feitos meus da infâmia aponha hoje a coroa!
Não, Alba, após a fé com que me honraste assim,
Tão-só sucumbirás ou vencerás por mim.
Tens-me a tua sorte entregue, e eu, a entregar-te a minha,
Vivo sem mancha, ou morro, então, sem ignomínia.

Horácio

Camila
Amores de Curiácio, é assim que me traís?

Curiácio
Antes de eu vosso ser, pertenço a meu país.

Camila
Mas te privar tu mesmo assim de teu cunhado,
Do esposo a tua irmã.

Curiácio
           Mísero nosso fado!
Transformam Alba e Roma em ironia vã
O nome antes gentil de cunhado e de irmã.

Camila
E me trarás, cruel, sua cabeça à vista,
A exigir minha mão por prêmio da conquista?

Curiácio
Não mais se pense em tal: neste atroz transe nosso,
Amar sem esperança é tudo o que ainda posso.
Chorais, sim.

Camila
           Que remédio a que meu pranto corra;
Meu amante impiedoso ordena hoje que eu morra;
Quando o himeneu por nós alumia o seu facho,
Apaga-o para abrir-me a negra tumba abaixo.
Seu rijo coração em me perder se obstina,
E diz amar-me ainda enquanto me assassina.

CORNEILLE

CURIÁCIO

Que discurso eloqüente é o pranto de uma amante!
Como é, com tal auxílio, o seu olhar possante!
E como nos comove uma visão tão triste!
Contra ela o meu dever a custo só resiste.
Deixai que contra vós meu coração se escude,
De vosso pranto a salvo eu pôr minha virtude;
Já se defende mal e a sinto vacilante:
Menos Curiácio sou, mais sendo vosso amante.
Já fraco por haver combatido a amizade,
Venceria de vez o amor mais a piedade?
Ide, já não me ameis: velai o choro e alarmas,
Ou devo opor a ofensa a tão possantes armas;
Sim, defesa melhor terei contra a vossa ira,
Olhos não tenho mais por vós, para que a aufira.
Puni, pois, o infiel, traidor de sua fé!
Mas insensível sois a este ultraje, até!
Olhais-me ainda enquanto a esse olhar me sonego!
Não basta ainda? amor, promessa e fé renego.
Anuindo a que uma atroz virtude me vitime,
Não há de resistir sem que a auxilie um crime?

CAMILA

Se o único crime teu, que o céu o ouça, esse for,
Em vez de odiar-te eu hei de ter-te mais amor;
Pérfido e ingrato, sim, amar-te-ei mais que a vida,
Mas não almejes mais tornar-te fratricida.
Porque sou eu romana, ou não és tu romano?
Colher-te-ia lauréis num jubiloso plano;

Horácio

Eu te encorajaria em vez de perturbar-te,
Como antes a meu mano havia de animar-te.
Quão cega, ai de mim, fui! nos votos, que infeliz!
Fi-los eu contra ti, quando por ele os fiz.
Ei-lo: ah, que dor mortal, se o amor de sua mulher,
Mais do que eu sobre ti, sobre ele não puder!

Cena VI

Horácio, Curiácio, Sabina, Camila

Curiácio
Sabina o segue, ah céus! se a alma já me vacila,
Por que trazê-la cá? Não basta ainda Camila?
Deixando que vos vede o seu pranto a coragem,
Vindes com ela aqui buscar igual vantagem?

Sabina
Não, meu irmão, não, não; só venho a este lugar
Por vos dizer adeus e por vos abraçar;
Em sangue vosso nada haverá de covarde,
Nada que ire o transporte em que o peito vos arde:
Se este ilustre infortúnio um de vós abalasse,
Renegar-lhe-ia, eu, de irmão, de esposo, a face.
Mas ainda em vos fazer um pedido me ufano,
Digno de tal esposo e digno de tal mano.
Para que não profane a impiedade a alta empresa,
Quero a essa honra de escol render toda a pureza,

Mais firmar-lhe o esplendor sem que se lhe una o crime;
Enfim, dar-lhe algo que o ódio e a luta legitime.
O único laço eu sou que vos ligue a ambos vós:
Não sendo eu mais, já nada um do outro sois após.
Rompei, pois, tal liame, e anulai vossa aliança;
Já que a honra o efeito do ódio exige e o da vingança,
Por minha morte, fruí de odiar-vos o direito:
Alba o quer, Roma o quer; deveis render-lhes preito.
Que um de vós dois me mate, e que o outro após me vingue:
O que há de estranho em vosso encontro assim se extingue;
Terá, da fúria justa, ao menos um o afã,
Por vingar sua esposa, ou vingar sua irmã.
Mas não! macularia uma glória tão bela,
Poder vos incitar qualquer outra querela!
O amor da pátria veda interesse tão oco;
Se nada um do outro sois, fazeis por elas pouco.
Deveis lhes imolar o cunhado, e sem ódio.
Bem, já não proteleis o sangrento episódio:
De sua irmã vertei, primeiro, o sangue em cheio,
De sua mulher abri, primeiro, em pleno o seio.
A vossas pátrias, sim, com Sabina de início,
Fazei de vossa vida um digno sacrifício:
Sois inimigos vós em célebres querelas,
Vós de Alba, e vós de Roma, e ainda eu de ambas elas.
Como? poupais-me, então, por ver uma vitória
Em que no troféu mor de uma pomposa glória,
Hei de ver os lauréis de um mano ou de um marido,
De um sangue ainda a fumar, que me era tão querido?
Como hei, de entre vós dois firmar a alma, e o dever

Horácio

De mulher e de irmã, então satisfazer?
Abraço o vencedor e pranteio o vencido?
Não! Sabina terá antes de tal vivido:
Precedê-lo-á o meu fim, de quem quer que eu o obtenha;
Negando-o vossas mãos, nele a minha se empenha:
Vamos, que vos detém? Ide, corações de aço,
Meios demais terei por vos forçar o braço.
Vossas mãos não tereis no combate ocupadas,
Sem que em meio vos torve este corpo as espadas,
E, ainda que recuseis, terá o golpe atroz
De antes passar por mim, para chegar a vós.

Horácio

Oh minha esposa!

Curiácio

Oh minha irmã!

Camila

Vê! se amolecem.

Sabina

Gemeis? de vosso rosto as cores empalecem?
Que susto é? da virtude expoentes já não sois,
Os astros em que vêem Roma e Alba os seus heróis?

Horácio

Que te fiz eu, Sabina, e que ofensa mortal
Te obriga a procurar uma vingança tal?

Minha honra, que te fez? tens base em que se escude
Vires com toda a força atacar-me a virtude?
Baste-te ao menos tê-la assim visto espantada,
E deixa-me encerrar esta grande jornada.
Já reduziste o esposo a margens singulares:
Vota-lhe amor assaz para não triunfares.
Vai-te, e não tornes mais o êxito duvidoso;
Já o disputá-lo me é bastante vergonhoso:
Deixa pois, que com honra, ao menos, hoje eu morra.

SABINA
Vai, deixa de temer-me, eis, já, quem te socorra.

Cena VII

O velho Horácio, Horácio, Curiácio, Sabina, Camila

O velho Horácio
Que é isto, filhos meus? amores escutais,
E com mulheres ainda o tempo esperdiçais?
Prestes a verter sangue olhais para os seus choros?
Fugi, deixai que a sós fiquem com seus agouros.
Seus ais para vós têm demais ternura e arte,
E de sua fraqueza influir-vos-iam parte.
Ide: com a fuga, só se aparam golpes tais.

SABINA
Não; são dignos de vós, deles nada temais.
Malgrado o nosso esforço, aguardai-lhes o brilho

Horácio

Que podeis almejar de um vosso genro ou filho;
E se lhes abalasse a honra nossa fraqueza,
Eis-vos a lhes render do valor a firmeza.
As lágrimas secai sem mais comunicar-mas:
Contra a virtude são, irmã, inócuas armas.
Ao desespero, só, devemos recorrer.
Feras, ide ao combate, e nós, vamos morrer.

Cena VIII

O velho Horácio, Horácio, Curiácio

Horácio

São mulheres, meu pai, que estão fora de si;
Retende-as, por mercê; que saiam, impedi.
Viria com clamor sua flama importuna
Aos prantos estorvar do combate a fortuna;
E em que elas de nós são, ver-se-ia um justo indício
Com que nos imputar um mísero artifício.
Sairia demais cara a glória deste dia,
Pudessem nos tachar de alguma covardia.

O velho Horácio

Trato disso. Ide; estão vossos irmãos à espera.
Das pátrias, só se acate agora a lei austera.

Curiácio

Que adeus vos direi eu? e com que cumprimentos...

O VELHO HORÁCIO
Ah! não me enterneçais mais ainda os sentimentos;
Para vos alentar, da voz o som me falha;
Não sei formar pensar cuja firmeza valha.
Molha-se o meu olhar, até nestes adeuses.
Cumpri vosso dever, e mandem ora os deuses.

TERCEIRO ATO

Cena I

SABINA

Dos males, um escolha enfim: desembarace-os!
Mulher de Horácio seja, ou irmã dos Curiácios.
Não mais divida a alma, e com juízos serenos
Deseje alguma coisa e receie algo menos.
Mas neste azo fatal, tomar-se que partido?
Que inimigo escolher entre um mano e um marido?
Por cada um fala o amor ou a natureza amiga,
E a sermos a ambos leais, o dever nos obriga.
Seja a honra deles, pois, minha ambição suprema;
Imite-lhes o brio e assim nada mais tema.
A morte que os ameaça é tão gloriosa e bela,
Que sem temor se aguarde o que hoje advenha dela.
Não chame eu de inumano o que esse azar contém;
Pense só por que causa, e não por mãos de quem;
Reencontre o vencedor, mirando só a glória
Que toda a sua casa auferir da vitória,
Sem pensar qual o sangue amado a que se deva

A altura ilustre à qual o seu valor o eleva.
Zelo algum tenha já que o de sua família:
Esposa numa sou, porém na outra eu sou filha,
E, emaranhada estou em tantos laços seus,
Que podem triunfar por braços, só dos meus.
Sim, não obstante o azar que a fortuna me envia,
O meio achei enfim de extrair-lhe alegria;
Posso ver o combate, agora sem terror,
Mortos sem desespero, os vivos sem horror.
Doce e grosseiro engano, ilusão que seduz,
Surto vão de minha alma, inócua, inerme luz,
De cujo falso brilho um instante a aura raia,
Para que mais depressa à vista se me esvaia!
Ao raio similar, que à mais profunda sombra
Leva o dia que foge a negrura que assombra,
Só me ofuscou o olhar a tua claridade,
Para logo abismá-lo em mais obscuridade.
O céu, ao qual despraz ver-te aliviar-me a pena,
Faz com que eu pague caro essa hora mais serena,
Sinto o golpe cruel, já de impiedosa mão,
Arrebatar-me agora ou o esposo, ou o irmão.
Pensando em sua morte e no que dela advém,
Não penso por que causa, e sim por mãos de quem.
Ao ver do vencedor a aura que lhe é devida,
Só me é dado lembrar à custa de que vida.
Só ao que for vencido ainda minha alma quer;
Num dos lados sou filha, e no outro sou mulher.
Emaranhada estou em tantos laços seus,
Que podem triunfar por morte, só dos meus.
Então, é esta a paz por mim tão almejada?

Horácio

Propícios céus, assim por vós fui contemplada!
Quando vos irritais, lançais que tempestades,
Se até vosso favor contém tais crueldades?
E de que forma, então, a ofensa castigais,
Se os votos da inocência auferem males tais?

Cena II

Sabina, Júlia

Sabina

Terminou tudo, Júlia? E as notícias que são?
Trazeis-me de um esposo a morte, ou a de um irmão?
O sucesso fatal de armas ímpias, talvez
De todos eles, já hóstias das pátrias fez?
E esse ódio que eu teria aos cruéis vencedores,
Por todos ora exige o meu pranto e amargores?

Júlia

Como! ainda não estais a par do que se deu?

Sabina

Pode vos surpreender, ser quem o ignore, eu?
Porventura ignorais, hoje esta habitação
Servir para ambas nós, Camila e eu, de prisão?
Trancam-nos, com temor de nosso pranto e alarmas:
Ou nos veriam, já, em meio a suas armas,
No desespero e dor de uma infausta amizade,
Dos dois campos tirar assomos de piedade.

JÚLIA
Não houve precisão de tão triste espetáculo:
Sua presença já, foi ao combate obstáculo.
Ao ver aqueles seis, prestes a entrar na liça,
Rumor de indignação nos dois campos se atiça:
E, vendo amigos tais, pessoas tão chegadas,
Virem por sua pátria a mortais estocadas,
Comove-se um de dó, exclama outro de horror,
Admira do alto zelo um terceiro o furor;
Alça um até aos céus virtude sem igual,
Enquanto um outro a diz sacrílega e brutal.
Mas tanto ardor se funde em uma única voz;
Tudo os chefes acusa e odeia a escolha atroz,
E, não querendo ver golpes que têm por bárbaros,
O campo todo grita, acode, enfim, separam-nos.

SABINA
Quanto incenso vos devo, ó céus, que me atende!

JÚLIA
Ainda não estais, Sabina, onde quereis:
Podeis algo esperar, podeis temer já menos;
Mas tendes do queixume ainda motivos plenos.
Em vão querem poupá-los a uma ação tão triste;
Desses bravos cruéis, nenhum da honra desiste:
É-lhes, daquela escolha, a glória tão preciosa,
Seduz-lhes em tal grau da alma a febre ambiciosa,
Que de nobre e feliz têm seu destino em conta,
E a compaixão que influem repelem como afronta.
A agitação geral lhes perturba a nomeada,
E eles combaterão, até, uma e outra armada,

Horácio

Morrendo às mãos de quem por amizade os tolha,
Antes que um renuncie à glória dessa escolha.

Sabina
Como! esses peitos de aço em seu rigor se obstinam?

Júlia
Sim, mas por outro lado os campos se amotinam;
De ambos, a um tempo só, clamores estridentes
Exigem a batalha, ou outros combatentes.
Dos chefes a presença até é desrespeitada,
Incerto o seu poder, sua voz mal escutada.
Surpreso, o próprio rei põe outro esforço à prova;
"Se cada um, diz, se inflama em tal discórdia nova,
Dos deuses se consulte a onisciência sagrada,
A ver se essa mudança à sua bondade agrada.
Algum ímpio haverá que à sua lei rebele,
Na hora em que o sacrifício a voz do céu revele?"
Cala, e o que diz contém encantos tão potentes,
Que arranca o ferro às mãos, enfim, dos combatentes;
E de sua honra o ardor, que tudo o mais rejeita,
Por mais cego que seja, ainda os deuses respeita.
Inclina-se o ardor todo a Túlio e a seu aviso,
E, ou por deferência ou por rápido juízo,
Nos dois campos se faz daquilo estrita lei,
Como se nesse chefe ambos vissem seu rei.
No sacrifício, em breve, há de saber-se o resto.

Sabina
O céu, contra tal crime, há de armar seu protesto;

Se a luta adiada foi, uma esperança vejo,
E começo em tal transe a ver o que desejo.

Cena III

SABINA, CAMILA, JÚLIA

SABINA
Minha irmã, que eu vos diga uma notícia boa.

CAMILA
Creio que dela sei, se é assim que ela a vós soa;
Disseram-na a meu pai, e com ele eu estava;
Mas de minha alma em nada o transe desagrava.
A espera tornará nossos golpes mais rudes,
E é dar prazo mais longo a nossas inquietudes.
Todo alívio que em tal podemos esperar,
É de chorar mais tarde os que vamos chorar.

SABINA
O céu não inspirou esse tumulto em vão.

CAMILA
Não, dizei que debalde ainda o consultarão.
Os mesmos deuses têm a escolha influído a Túlio;
Não lhes condiz a voz com o público barulho:
Menos hão de descer a tão baixas paragens,
Que ao coração dos reis, suas vivas imagens,
De quem a independente e santa autoridade,
É uma secreta luz de sua divindade.

Horácio

Júlia
É criarmos sem razão a nós mesmos obstáculos,
Procurarmos sua voz fora de seus oráculos;
Nem em vós pode estar toda a esperança extinta,
Sem que vossa alma o teor do vosso, ontem, desminta.

Camila
Seu senso oculto nunca o oráculo desvenda:
Há quem pense entendê-lo e é sem que em nada o entenda,
E quem, após basear num deles sua fé,
De obscuro nada viu, creia que tudo o é.

Sabina
No que ele faz por nós, colhamos segurança,
E já no suave bem de uma justa esperança,
Com que o céu um semifavor nos oferece,
Quem de tal nada aufere, é quem não o merece;
Impede quanta vez que inteiro se desfralde,
E nossa rejeição é que o torna debalde.

Camila
O céu sem nossa anuência atua nos eventos,
E não vai se basear em nossos sentimentos.

Júlia
Influiu-vos susto, mas haurir-lhe-eis ainda a graça.
Adeus: vou a saber como tudo se passa.
A esperar meu regresso, amainai o temor;
Espero então poder falar-vos só de amor,
E levar este dia a um ditoso apogeu,
Com preparos, tão-só, de um feliz himeneu.

SABINA

Ouso esperá-lo ainda.

CAMILA

Eu não espero nada.

JÚLIA

Pelo efeito vereis que sois afortunada.

Cena IV

SABINA, CAMILA

SABINA

Mesmo em nossa aflição deixai que eu vos reprove:
Não há em vosso transe extremo o que se aprove.
Que havíeis de fazer no ponto a que eu subscrevo,
Se temêsseis, irmã, o que temer eu devo,
E houvésseis que esperar de suas armas fatais,
Com males como os meus, perdas também iguais?

CAMILA

Com mais critério olhai vossos males e os meus:
Cada um os de outrem vê com outro olho que os seus.
Mas, se avaliardes bem os em que ando eu imersa,
Os vossos parecer-vos-ão mera conversa.
Tão-só de Horácio haveis de recear a morte,
Irmãos nada nos são ao lado do consorte.
O himeneu que nos põe numa nova família,

Horácio

Desprende-nos daquela em que vivemos filha,
Vêem-se com outro olhar laços tão diferentes,
E seguir um marido é deixar seus parentes;
Mas, perto do himeneu, o amante que nos dão,
Sem ainda esposo ser, é tanto quanto irmão,
E, sendo igual do afeto entre uns e o outro o nível,
Confunde-se o desejo e a escolha é impossível.
Assim em vossa queixa, irmã, tendes os meios
De votos formular e terminar receios;
Mas, se em nos perseguir inda o céu se obstinar,
Tenho eu que perder tudo e nada que almejar.

Sabina

Quando é preciso aí que um por mãos do outro morra,
O vosso raciocínio a teor melhor recorra.
Ainda que sendo, irmã, laços tão diferentes,
Sem olvidá-los, deixa a gente os seus parentes;
Não apaga o himeneu tão profundo sentido;
E ódio a irmãos não se tem, por amar-se a um marido:
É a natureza em tal em sua lei garantida;
E a gente não escolhe à custa de sua vida;
Tanto quanto um esposo outros nos mesmos são,
E, em sua forma extrema, é igual toda aflição.
Mas o amante que encanta e pelo qual ardeis,
Só vos é, afinal, aquilo que quereis;
O mau humor, o ciúme, alguma hora vazia,
Quanta vez, faz passar já dele a fantasia.
O que pode o capricho, ousai pela razão;
Com os laços naturais, não tem comparação.
Chega a ser crime o opor esses nós voluntários

Aos que a nascença impõe e torna necessários.
Se em perseguir-nos, pois, ainda o céu se obstinar,
Tenho eu que temer tudo e nada que almejar;
Mas dá-vos o dever em vossa queixa os meios
De votos formular e terminar receios.

CAMILA

Bem se vê, minha irmã, jamais amastes, pois,
Se das feições do amor tão ignorante sois:
Talvez em sua nascença ainda se lhe resista,
Mas não após nos ter da alma feito a conquista,
E, após haver de um pai o poder soberano,
Com o dom de nossa fé, feito um rei do tirano.
Se ele entra com vagar, reina, depois, de todo,
E, quando a alma uma vez lhe saboreou o engodo,
Não poderá deixar de amar, nem se o quiser,
Já que querer só pode aquilo que ele quer:
A seus liames de força e beleza o que praz…

Cena V

O VELHO HORÁCIO, SABINA, CAMILA

O VELHO HORÁCIO

Minhas filhas, eu trago umas notícias más;
Contudo, doravante, as calaria em vão,
Pois não se ocultam mais. Às armas já estão
Vossos irmãos; dos céus o juízo assim o ordena.

Horácio

Sabina

Confesso, ao vos ouvir, uma surpresa plena;
Cri que em seu alto teor prouvesse à divindade
Rejeitar a injustiça e ter maior bondade.
Já não nos conforteis: contra tal desfortuna
Fala a piedade em vão e a razão importuna.
Podem só nossas mãos findar tais amarguras,
E quem sabe morrer, anula desventuras.
Era fácil mostrar, nesta vossa presença,
Ao invés da aflição, compostura pretensa;
A falta de firmeza aí não é vergonha,
Mais covarde há de ser quem brio falso exponha.
Essa prerrogativa em vós, homens, depomos,
Não vamos nós passar por algo que não somos.
Não vamos vos pedir que coragem tão forte
Nos siga o triste exemplo e amaldiçoe a sorte.
Aturai sem fremir mortais golpes e mágoas;
Sem prantos, vede, vós, fluírem do nosso as águas.
Por único favor, enfim, em transes tais,
Sede constante, e a nós, deixai-nos nossos ais.

O velho Horácio

Bem longe de exprobrar os prantos que estou vendo,
Deles tão-só a custo eu mesmo me defendo;
Talvez também cedesse a infortúnio tão rude,
Tivesse eu na questão igual solicitude:
Não me fez de Alba a escolha odiar um vosso irmão,
Todos três à minha alma ainda queridos são;
Mas a amizade não será do mesmo teor,
E os efeitos não tem do sangue, nem do amor.

Não sinto a extrema dor que aflige neste instante
Sabina como irmã, Camila como amante.
Posso sem compunção como inimigos vê-los,
E a meus filhos, tão-só, votar os meus desvelos.
Dignos de seu país, graças aos deuses, são:
Não lhes poluiu a glória alguma hesitação,
E seu renome vi crescer pela metade,
Ao negarem os três de Alba e Roma a piedade.
Se por uma fraqueza a houvessem mendigado,
Sua virtude não a houvessem repudiado,
Teria já de um pai a represália rude,
Punido a humilhação de tão mole atitude.
Mas, quando, a seu pesar, lá surgiu o tumulto,
Meus votos eu juntei aos vossos, não o oculto,
E me tivesse o céu atendido o pedido,
Ver-se-ia de Alba o chefe a outra escolha premido.
Veríamos em breve o triunfo dos Horácios,
Sem que as mãos lhes tingisse o sangue dos Curiácios,
E, no êxito final de embate mais humano,
Brilho e consagração do renome romano.
Mas a seu próprio modo em tudo o céu governa,
E temos de nos fiar em sua ordem eterna.
Armo-me em transe tal de generosidade,
E no público bem vejo a felicidade.
Vossa mágoa aliviai da mesma forma, pois,
E tratai de lembrar que ambas romanas sois:
Vós o ficastes sendo, e vós o sois ainda;
Título tão glorioso é uma honra infinda.
Vejo, já vejo o dia em que por toda a terra,
Qual o trovão dos céus, Roma o universo aterra,

Horácio

E, tendo assujeitado o mundo a suas leis,
Seu grande nome ser a aspiração dos reis.
Os céus a nosso Eneu têm predito essa glória.

Cena VI

O velho Horácio, Sabina, Camila, Júlia

O velho Horácio
Vindes, pois, Júlia, aqui trazer-nos a vitória?

Júlia
Não, porém do combate os funestos efeitos:
Sujeita a Alba Roma é, vossos filhos desfeitos;
Dos três morreram dois, só dela o esposo resta.

O velho Horácio
Oh de um combate infausto hora fatal, funesta!
Roma a Alba é assujeitada, e em salvá-la de tal,
Ele não se empenhou até o hálito final!
Não, não! não pode ser. Júlia, estais iludida;
Ou Roma é livre, ou bem meu filho está sem vida:
Mais conheço o meu sangue, ele mais seu dever.

Júlia
Dos baluartes, como eu, mil o puderam ver.
Com os irmãos vivos ainda, admiravam-lhe a vez,
Mas quando ele depois se viu só contra três
Que estavam já a cercá-lo, a fuga o pôs a salvo.

O velho Horácio
Dos nossos que traiu, não se tornou o alvo?
Puderam lhe acolher a infame retirada?

Júlia
Depois dessa derrota, eu não quis ver mais nada.

Camila
Oh manos!

O velho Horácio
Calma, o pranto a todos não eleja;
Dois um destino fruem que o seu pai lhes inveja.
Cubram o seu sepulcro as mais preciosas flores;
A glória de seu fim compensa mágoa e dores;
E a dita ainda premiou seus nobres objetivos,
De verem Roma livre, enquanto foram vivos.
Viram-na obedecer tão-somente a seu rei,
Nem ser província de outro Estado e outra lei.
Chorai o outro, chorai a infame afronta, o crime
Que uma fuga oprobriosa a nossa fronte imprime;
Chorai de nosso sangue a irremediável chaga,
E o opróbrio em que de Horácio o nome hoje naufraga.

Júlia
Que havia de fazer contra três?

O velho Horácio
Que morresse.
Ou que ainda o desespero então o socorresse.

Horácio

De um só momento houvesse adiado ele a desfeita,
Roma um pouco mais tarde a Alba estava sujeita;
Deixar-me-ia a velhice em sua honra devida
E isso era prêmio assaz em paga de sua vida.
É de todo o seu sangue à pátria devedor:
Cada gota poupada a mais lhe infama o honor;
Cada hora que respira após tal covardia,
Mais expõe meu opróbrio e o seu à luz do dia.
Mas cortar-lhe-ei o fio, e sem que a mais retarde,
A justa ira de um pai contra um filho covarde
Mostrará com fragor, em sua punição,
De um ato ignominioso a honrosa rejeição.

Sabina

Por mercê, moderai fúrias tão valorosas,
Se não nos quereis ver de todo desditosas.

O velho Horácio

Sabina, consolais-vos com facilidade;
Pouco ainda vos feriu nossa infelicidade.
Por alto olhais o azar que nos tem abatido:
O céu vos conservou os irmãos e o marido;
Se súditos nos vê, é de vosso país;
Venceu vossa família a quem trair-nos quis.
Vendo a que suma altura a glória hoje a encaminha,
Pouco a vós se vos dá que nos legue a ignomínia.
Mas fará logo o amor por um esposo infame
Que vossa alma também em prantos se derrame.
Será em sua defesa inútil o protesto:
Mais uma vez aos céus e ao seu poder atesto,

Que ainda hoje minhas mãos, neste fim de meus anos,
Lavarão em seu sangue o opróbrio dos romanos.

SABINA

Seguimo-lo de perto, inflama-o o seu transporte.
Veremos sempre, ah céus, desgraças dessa sorte?
Teremos que aguardar sempre maiores mais,
E temer toda a vida a mão de nossos pais?

QUARTO ATO

Cena I

O velho Horácio, Camila

O velho Horácio
Não quero, em prol do infame, ouvir algo, sequer:
Fuja de mim tal qual dos irmãos da mulher.
Por conservar um sangue ao qual tanto amor tem,
Nada fez, se de mim não se salvar também.
Sabina o afaste, ou meu furor de novo ateste
Ao poder divinal da multidão celeste...

Camila
Ah, meu pai, imponde à alma uma mais suave norma;
Vereis que Roma, até, pensa por outra forma;
E por mais que hoje a abale infortúnio tão rude
Excusa a quem prostrou o número a virtude.

O velho Horácio
Pois que de Roma, aí, o juízo se descarte;

Camila, eu sou pai, direitos tenho à parte.
Sei o que é a virtude incontestada à mostra:
Sem que dela triunfe, é que o inimigo a prostra,
E seu macho vigor, que nunca o passo arreda,
Sob o número expira, antes que à força ceda.
Calai-vos: de Valério agora se ouça o empenho.

Cena II

O VELHO HORÁCIO, VALÉRIO, CAMILA

VALÉRIO

Por consolar um pai em nome do rei venho,
E lhe testemunhar...

O VELHO HORÁCIO

Agradeço este aviso,
Mas de consolações em tal eu não preciso;
Mortos prefiro ver os que mão inimiga
Me arrebatou, a vê-los com a ignomínia em liga;
Deu a vida ao país o seu valor preclaro:
Basta isto.

VALÉRIO

Mas o outro é um privilégio raro.
De todos três convosco agora o lugar tome.

O VELHO HORÁCIO

Por que não pereceu de Horácio nele o nome!

Horácio

Valério
Só vós o maltratais depois do que se deu.

O velho Horácio
Castigue-lhe o delito, então, também só eu.

Valério
Com o seu bom proceder, que falta se conjuga?

O velho Horácio
Que marcas de virtude achais em sua fuga?

Valério
Gloriosa a fuga é, sendo em tal ocasião.

O velho Horácio
Redobrais-me a vergonha e minha confusão.
Decerto o exemplo é raro e digno de memória
O ver-se numa fuga um trâmite de glória.

Valério
Mas que vergonha é essa e qual é a confusão,
Terdes um filho autor de nossa salvação,
Que faz com que, a triunfar, Roma um império aufira;
Poderá ter um pai glória mais alta em mira?

O velho Horácio
Com que império, que glória e que honra aí atino,
Quando Roma hoje a Alba assujeita o destino?

VALÉRIO
Estais falando de Alba e de sua vitória;
Porventura ignorais a metade da história?

O VELHO HORÁCIO
Sei que por sua fuga atraiçoou o Estado.

VALÉRIO
Sim, se houvesse ao fugir a luta terminado;
Mas tão logo se viu que como homem fugia,
Que de Roma em tal fuga a causa promovia.

O VELHO HORÁCIO
Roma triunfa?

VALÉRIO
É tempo, é tempo que saibais,
Desse filho o valor, que em falso condenais.
Contra os três viu-se a sós: mas no combate ingente
Feridos todos três, e ileso ele somente,
Contra os três sem poder, forte contra um por um,
Habilmente se extrai de um perigo incomum.
Foge, é por combater, e a diversão sutil
Divide os três irmãos que ilude o seu ardil.
Cada um persegue-o, e o passo é mais ou menos lento,
Conforme lho permite o grau do ferimento.
É igual o ardor dos três em perseguir-lhe a fuga;
Mas força desigual seus passos desconjuga.
Horácio, ao ver que estão um do outro separados,
Vira, e de longe os crê já ver semidomados:
Ele espera o primeiro, e o vosso genro era.

Horácio

O outro, na indignação de ele atrever-se à espera,
Ao atacá-lo, em vão demonstra o seu valor:
O sangue que perdeu lhe enfraquece o vigor.
Grita Alba, por sua vez, com tal perigo à vista,
A fim de que o segundo o seu irmão assista:
Corre ele, a exaurir-se em esforços nocivos,
E ao chegar já não vê seu irmão entre os vivos.

Camila

Ah!

Valério

Toma-lhe o lugar com o pouco que lhe sobra
De fôlego, e de Horácio o triunfo assim redobra:
Sem forças, seu denodo é apoio fracassado;
Quer vingar seu irmão, e se abate ao seu lado.
Ressoa o ar com o clamor que ao céu cada um envia;
Alba aos gritos de angústia, e Roma aos de alegria.
Ao ver-se o nosso herói prestes a terminar,
Vencer para ele é pouco, ainda quer desafiar,
"Imolei esses dois aos manes de meus manos;
Diz: Roma o último há de ter dos três albanos;
Imolo-o à sua glória e à sua sagrada causa."
E, para a ele voar, nem um instante pausa.
Nisso o êxito final já não nos causa susto:
O albano quase exangue anda a arrastar-se a custo,
E qual vítima inerme aos pés da mesa santa,
Parece oferecer aos golpes sua garganta.
Quase sem reagir cai sob o mortal aço,
E de Roma o poder sela com o seu trespasso.

CORNEILLE

O velho Horácio

Meu filho! ó exultação! ó triunfo! ó de um Estado
Em seu transe maior, socorro inesperado!
Valor digno de Roma e alma digna de Horácio!
Glória de seu país! Bendiga-o eu, abrace-o!
Ah, quando poderei, ao apertá-lo ao peito,
Abafar de meu erro a injustiça e o despeito!
Quando há de meu amor derramar com ternura
Sobre ti, filho meu, lágrimas de ventura!

Valério

Podereis demonstrar-lhe este carinho em breve:
Vos restituí-lo, o rei, daqui a pouco, deve;
Para amanhã adia a pompa que prepara
De um sacrifício aos céus, por fortuna tão rara.
Por hoje, só se rende aos deuses simples preito
Com cantos de vitória e juras de respeito.
É aonde o rei o leva enquanto aqui me envia
Com o seu ofício real de dor e de alegria;
Mas, com mensagem tal, bastante ainda não fez;
Há de vir ele, mesmo, e ainda hoje, talvez;
Só crê reconhecer virtude assim tão bela,
Se a sua própria voz assegurar-vos dela,
Proclamando ante vós quanto vos deve o Estado.

O velho Horácio

De tal favor o brilho é demais destacado.
Com o vosso já me vejo eu pago até demais,
Pelos feitos de um filho, e o sangue de dois mais.

Horácio

Valério

Não vos quer ele honrar com prestígio ordinário;
Viu seu cetro arrancado aos braços do adversário;
E, da honra que vos quer fazer, julga ainda o brilho
Abaixo do valor e do pai e do filho.
Vou lhe testemunhar que nobres sentimentos
Vos inspira a virtude em todos seus acentos,
E quanto a seu serviço estais mostrando ardor.

O velho Horácio

Por ofícios tão bons vos serei devedor.

Cena III

O velho Horácio, Camila

O velho Horácio

Dos prantos já passou a ocasião, minha filha:
Não há como os verter onde tanta honra brilha;
Choram-se sem razão desgraças familiares
De que ao país advêm triunfos exemplares.
Roma triunfa de Alba, e é isto o que nos basta;
Qualquer mal, por tal preço, ainda é vantagem vasta.
A morte de um amante um homem só vos toma,
Cuja perda sem mais substituir-se-á em Roma;
Após vitória tal, não há romano, não,
A quem não seja glória o dar-vos sua mão.
Devo comunicar a Sabina esta nova:
Sem dúvida há de pô-la o golpe a dura prova:
Mortos seus três irmãos por mão de seu marido,

Mais que a vós lhe há de ser o pranto permitido.
Mas da dor é esperar que supere a voragem,
E que o uso da razão, firmando-lhe a coragem,
Faça logo imperar num ânimo tão nobre
O amor que ao vencedor no coração encobre.
Quanto a vós, reprimi essa indigna tristeza;
Mostrai ser sua irmã, se ele vier, sem fraqueza:
E recordai que, a atar num só flanco esse nó,
O céu vos tem formado, a ambos, de um sangue só.

Cena IV

CAMILA

Sim, sim, dar-lhe-ei a ver, por infalíveis marcas,
Que um verdadeiro amor enfrenta a mão das Parcas,
E não aceita a lei desses cruéis tiranos
Que um astro mau por pais dá a nossos jovens anos.
Exprobras minha dor, tens-na por vil e infame;
Mas quanto mais te irar, mais fazes com que a ame.
Inexorável pai, e num justo transporte,
Quero torná-la igual a minha infausta sorte.
Houve outra, já, da qual os trâmites adversos
Assumissem de lance aspectos tão diversos?
Já se viu alma mais exposta num só dia
Ao temor e à esperança, à mágoa e à alegria?
Sujeita como escrava a eventos de fora,
E joguete infeliz de mudança a toda hora?
Alegra-me um augúrio, um sonho me trabalha,
A paz calma o terror que me causa a batalha;

Horácio

Preparam-me o himeneu, e quase nesse instante
Por combater meu mano, escolhem meu amante;
Desespera-me o azar, e à luta os arrebatam,
O combate é rompido; e os deuses o reatam.
Roma está por cair, e só, dos três albanos,
Curiácio não verteu o sangue de meus manos,
Oh, céus! me influiu, então, mágoa demais escassa,
O fim de dois irmãos e de Roma a desgraça?
Inculpou-me o esperar, em meio a este abalo,
Poder talvez sem crime um dia ainda amá-lo?
Sua morte é o que me pune, e a forma desalmada
Com que dela se instruiu minha alma desvairada!
Ouço-a por seu rival, que faz à minha vista
A odiosa narração da batalha malquista,
Que ostenta sobre a fronte uma franca alegria
Que, mais que o bem comum, nele essa morte cria;
E que a construir no ar sobre a desdita alheia
Nela, qual meu irmão, o seu triunfo esteia.
Mas não é nada ainda ao preço do que resta:
Exigem-me alegria em hora tão funesta;
Que aplauda o vencedor e beije a mão preclara
Cuja proeza cruel o coração me vara.
E, quando tão profunda e justa dor me oprime,
Queixar-me é uma vergonha e suspirar um crime!
Quer seu valor brutal que eu regozijo alarde:
Se bárbara não sou, só posso ser covarde.
Decai, meu coração, de um pai assim virtuoso,
Seja eu indigna irmã de irmão tão valoroso:
É glória ter-se assim o ânimo abatido,
Quando faz, da virtude, a fereza o sentido.

Não tenha minha dor já o mínimo escudo;
Que poderá temer, ainda, quem perdeu tudo!
Respeito eu não demonstre ao cruel vencedor;
Longe de lhe fugir, lhe exiba a minha dor;
Ofenda-lhe a vitória e lhe incentive a ira,
E seja aborrecê-lo a minha única mira.
Vem vindo: atestar-lhe-á minha mágoa incessante,
O que uma amante deve à morte de um amante.

Cena V

HORÁCIO, CAMILA, PRÓCULO
(Próculo carrega em sua mão as três espadas dos Curiácios)

HORÁCIO
O braço, eis, minha irmã, que os dois irmãos nos vinga.
Que faz com que de Roma o azo adverso se extinga.
Que nos dá de Alba a posse; é o braço destacado
Que o fado, por si só, selou de um e outro Estado.
Os troféus de honra vê, que atestam minha glória,
E rende o que é devido à luz de tal vitória.

CAMILA
As lágrimas lhe devo: acolham-nas, sem mais.

HORÁCIO
Roma não as quer ver, após façanhas tais.
De nossos dois irmãos a morte em luta rija,
Com sangue paga foi: nada há mais que se exija.
Vingada a perda, é só; já nada há de perdido.

Horácio

Camila
Se a eles satisfaz o sangue assim vertido,
Por eles deixarei de me mostrar penada,
E a morte esquecerei que foi por vós vingada.
Mas quem vingar-me-á a mim da morte de um amante,
Para que dele esqueça a perda num instante?

Horácio
Que dizes, desgraçada?

Camila
Ó meu Curiácio amado!

Horácio
Oh duma indigna irmã, desmando desgraçado!
Do inimigo de quem triunfante regresso,
Tens o nome na boca e na alma o amor professo!
Teu criminoso ardor a uma vingança aspira!
Exige-a tua boca e teu peito a respira!
Vai! renega esse amor, domina anseios e ais;
Com o ouvir-te as aflições, não me enrubesças mais.
Faze por sufocar tão vis ardores teus,
Repele-os de tua alma e pensa em meus troféus:
Que sejam doravante os teus únicos bens.

Camila
Bárbaro, dá-me então o coração que tens;
Se queres de minha alma enfim ver toda a trama,
Restitui-me Curiácio, ou deixa-o à minha chama.
Pendiam dele só júbilo e dor em que ando;
Eu o adorava vivo, e morto o estou chorando.

Não busques tua irmã onde fora deixada:
Tão-só revês em mim uma amante injuriada,
Que, qual fúria atrelada à sombra de teu passo,
Sem folga há de lançar-te à face o seu trespasso.
Tigre ávido de sangue e que me vedas prantos,
Queres que em sua morte eu ainda encontre encantos,
E que, elevando ao céu a proeza que me abate,
Pela segunda vez eu mesma agora o mate.
Pois tão-só o infortúnio ainda a tua vida reja!
Possas cair ao ponto em que eu te influa inveja,
E desde já destruir por uma iniqüidade
Essa glória tão cara à tua brutalidade.

HORÁCIO
Ó céus! quem é que viu jamais tamanha fúria!
Poderás crer que eu seja insensível à injúria?
Que eu ature em meu sangue essa desonra infame?
Deves amar sua morte; a tua alma a proclame,
Ou ao menos aceita-a, e consciência retoma
Do que deve teu berço aos ditados de Roma.

CAMILA
Roma, único alvo aí de meu ódio flamante!
Roma, a quem tua fúria imolou meu amante!
Roma que viu teu berço e que teu peito ama!
Roma que odeio enfim porque te exalta a fama!
Que cem vizinhos seus, contra ela conjurados,
Solapem seus bastiões mal ainda assegurados!
E, se não for bastante o ódio de toda a Itália,
Aliem-se o Ocidente e o Oriente à represália,
Que, unidas, dos confins do mundo, ingentes hordas

Horácio

Para a sua destruição, transponham suas bordas!
Derrubem-lhe os bastiões as suas próprias sanhas,
Com suas próprias mãos lacere suas entranhas!
Que os furores do céu, acesos por meu rogo,
Façam chover sobre ela um dilúvio de fogo!
Possa eu com os olhos vê-la a se arrasar em brasas,
Os seus lauréis em pó, em cinzas suas casas,
Ver do último romano o último ai de agonia,
Ser eu, só, sua causa, e morrer de alegria.

Horácio
(*pondo a mão na espada, perseguindo sua irmã que foge*)

É demais! a razão puna esses desgovernos!
Vai chorar teu Curiácio adentro dos infernos.

Camila
(*ferida, atrás do palco*)

Ah, fera!

Horácio
(*voltando ao palco*)

Assim aufira um súbito castigo,
Quem quer que ouse chorar de Roma um inimigo.

Cena VI

Horácio, Próculo

Próculo

Que fizestes, senhor?

CORNEILLE

HORÁCIO
Um ato de justiça:
Não pode em tal delito a pena ser remissa.

PRÓCULO
Não tínheis que exercer tão desumano afã.

HORÁCIO
Não vás dizer que ela é meu sangue e minha irmã,
Meu pai não pode mais tê-la por sua filha:
Quem a pátria maldiz, renuncia à família;
Já não lhe é dado usar esses nomes preclaros,
E em inimigos torna os parentes mais caros.
O sangue mais lhes arma o ódio que têm do crime;
Só súbita vingança essa traição redime,
E tão ímpio desejo, ainda que impotente,
É um monstro que se abafa enquanto ele é nascente.

Cena VII

HORÁCIO, SABINA, PRÓCULO

SABINA
Como? queda-se aqui tua fúria ilustre? Vai!
Vê morrer tua irmã nos braços de teu pai;
Que tão grata visão teus olhos satisfaça:
Ou, não te estando a mão já de altas proezas lassa,
Anda, imola ao país dos virtuosos Horácios
Este resto infeliz do sangue dos Curiácios.

Horácio

Tão pródigo do teu, verta o meu teu afã;
Sabina une a Camila, e a esposa a tua irmã;
O nosso crime é o mesmo, e igual nosso tormento,
Como ela gemo, e os meus irmãos também lamento:
Mais culpada ainda à luz de tua rigidez,
Que ela chorava um só, e estou chorando três,
E que após seu castigo em minha falta insista.

Horácio

Sabina, enxuga o pranto, ou oculta-o à minha vista.
Sê digna, tu, de ser minha casta metade,
E não me forces a alma a uma indigna piedade.
Se de um profundo amor o poder absoluto
Só de uma alma e um pensar a ambos nos deixa o fruto,
Compete-te elevar teus anelos aos meus,
E não a mim descer à baixeza dos teus.
Amo-te, e cônscio estou da dor a que estás presa,
Mas me esposa a virtude e vence essa fraqueza.
Sê parte da honra, e em vez de conspurcar tal bem,
Trata de revestir-lhe as glórias tu também
És de meu nome, és tão mortal imiga minha,
Que me prefiras ver coberto de ignomínia?
Sê mais mulher que irmã, e a imitar-me, faze
De meu exemplo lei, nessa imutável base.

Sabina

Para imitar-te, vai, busca almas mais perfeitas.
Não te estou a imputar as perdas por mim feitas;
Meu sentimento em tal é o que devo ter,
E mais à sorte as levo a mal que a teu dever;

Mas de vez renuncio à virtude romana,
Se não a posso fruir sem que seja inumana.
Do vencedor não posso a esposa ser, enfim,
Sem dos vencidos ver a triste irmã em mim.
Rendam-se da vitória em público ao céu graças,
Mas choremos em casa as íntimas desgraças,
E da causa comum o triunfo não olhemos,
Numa hora em que se dá que os nossos males vemos.
Por que é que o teu rigor doçuras não comporta?
Deixa ao entrar aqui os teus louros na porta.
Teu pranto junta ao meu. Quê? minhas covardias
Não te armam o valor contra meus tristes dias?
Meu crime é redobrado, e não te inflama a ira?
Camila quão feliz não foi! ódio te influíra;
Ela auferiu de ti o que ela pretendeu,
E recupera ali tudo o que ela perdeu.
Esposo amado, autor do transe que me oprime,
Ao menos cede ao dó, se algo o ódio em ti dirime;
Sim, um ou outro exerce, após tais desventuras,
Em punir-me a fraqueza ou findar-me as agruras.
Rogo a morte de ti, por mercê, ou suplício:
Seja do amor o efeito, ou da justiça o ofício.
Tanto faz: qualquer golpe hei de ter por ditoso,
Conquanto me atingir por mão de meu esposo.

HORÁCIO

Que injustiça a do céu o ter dado a mulheres,
Sobre ânimos viris, tal soma de poderes,
E o ter a vencedor tão fraco entregue as palmas
De um império fatal sobre as mais nobres almas!

Horácio

A que ponto a virtude e os brios me reduz!
Só na fuga é-me dado ainda fazer-lhes jus.
Não me sigas. Adeus, ou retém teus gemidos.

Sabina
(*só*)
Ó fúria, ó compaixão, surdas a meus pedidos,
Meus, crimes ignorais e minha dor vos cansa!
Negais-me do suplício ou da graça a esperança!
Mas vamos: com o meu pranto ainda um esforço faço,
E que a mim só me incumba, após, de meu trespasso.

QUINTO ATO

Cena I

O velho Horácio, Horácio

O velho Horácio
Desviemos nosso olhar desse objeto funesto,
Para admirar do céu o juízo manifesto:
Quando nos cega a glória, é que por golpes tais
Castiga o orgulho em nós, que cresce alto demais.
Nosso maior prazer mistura com tristeza;
À virtude acrescenta indícios de fraqueza,
E só uma e outra vez nos concede à ambição
A honra pura e integral de uma perfeita ação.
Por Camila eu pesar não sinto, ou por seu crime,
Pois mais a mim e a ti do que a ela se lastime:
Eu, por gerar quem quis tão pouco ser romana,
Tu, porque a sua morte a tua mão profana.
Não é que a ache injusta ou demais repentina;
Mas podias poupar-te um gesto que te inquina:

Corneille

Seu crime, ainda que enorme e digno do trespasso,
Impune era melhor que expiado por teu braço.

Horácio
Meu sangue vos pertence, é a lei que o diz. Mas cri
Ser devedor do seu à terra em que nasci.
Se à vossa alma em tal zelo um crime se afigura,
Se lhe devo auferir uma eterna censura,
Se a mão me maculou, e assim minha honra inquino,
Corte um comando vosso o fio de meu destino.
O sangue retomai, do qual minha aspereza
Tão brutalmente pôde enodoar a pureza.
De um crime em vossa casa eu puni a desgraça;
Não podeis, vós, deixar que algo nos manche a raça;
Quando se fere a honra, é num fato como esse,
Que um pai como o que sois patenteia o interesse:
Deve abafar o amor, lá, onde a excusa é nula;
Toma parte no error quando ele o dissimula,
E a sua própria glória é o que não põe à prova,
Se deixa de punir o que ele não aprova.

O velho Horácio
Desse rigor extremo um pai nem sempre usa;
Quanta vez, para si, os filhos poupa e excusa;
De sua velhice são a única fortuna,
E deixa de os punir para que não se puna.
Teus olhos vêem-te a ti outro do que eu te vejo;
Sei… mas vem vindo o rei, da guarda eis o cortejo.

Horácio

Cena II

Túlio, Valério, o velho Horácio, Horácio,
Tropa de Guardas

O velho Horácio
Ah, meu rei, demasiada é de tal honra a marca;
Não é aqui que devo eu ver o meu monarca;
De joelhos permiti...

Túlio
Levantai-vos, meu pai:
Eu sei que obrigações nisso um bom rei contrai.
Um serviço tão raro e assim tão transcendente,
Requer a honra também mais rara e mais saliente.
Valério o meu penhor de tal já vos trouxera;
E em cumpri-lo não quis mais protelar a espera.
Por seu relato eu vi com que grande alma e porte
Soubestes encarar de dois filhos a morte,
E os vossos brios sendo assim inabaláveis,
Que de consolos meus, já não necessitáveis;
Porém, instruído fui da desventura estranha
Que seguiu de outro filho a gloriosa façanha,
E que o excesso de amor por nossa causa pública,
Priva por suas mãos seu pai da filha única.
Tal golpe é de abater o espírito mais forte,
E não sei como haveis de suportar tal morte.

O velho Horácio
Meu rei, com desprazer, contudo com paciência.

Túlio

É da virtude o efeito e da longa experiência.
Têm-se outros, como vós, instruído pela idade,
De que a dor, quanta vez, segue a felicidade;
Mas poucos como vós aplicam a receita,
E, quando é o próprio caso, a força vêem desfeita.
Se podeis, todavia, em minha compaixão,
Encontrar um alívio em tão grande aflição,
Como vosso infortúnio, extrema é que a proclamo,
E de vós sinto dó, tanto quanto vos amo.

Valério

Senhor, já que depõe o céu em mãos dos reis
Da justiça a balança e a força sã das leis,
E que é por mãos reais que a lei do Estado ordena
Para a virtude o prêmio, e para o crime a pena,
A um súdito dai vênia a que à mente vos leve
Que muito lastimais o que punir se deve.

O velho Horácio

Que se envie ao suplício um vencedor? Meu rei!

Túlio

Deixai que ele termine, e justiça eu farei:
Em qualquer tempo e sítio amo rendê-la aos meus,
E é por ela que um rei se torna um semideus.
O que sinto é que após serviços tais na liça,
Possam me demandar, contra ele, hoje, justiça.

Horácio

Valério

Permiti, pois, meu rei, ó mais justo dos reis,
Que a voz de homens de bem pela minha escuteis.
A glória a que faz jus não nos enciuma o peito;
Por mais honras que aufira, as merece o seu feito;
Sem diminuí-las, vale aumentar ainda a conta;
E a contribuí-las mais, Roma toda está pronta.
Mas, tendo o aço glorioso em tal crime empatado,
Triunfe o vencedor e pereça o culpado.
Salvai de seu furor, de rasgos tão insanos,
Se pretendeis reinar, tudo o que há de romanos.
Da salvação se trata, ou da perda do resto.
Da guerra o curso foi tão sangrento e funesto,
E os nós nupciais, na paz e seus flóreos caminhos,
Uniram tanta vez dois povos tão vizinhos,
Que é raro não haver a um romano abalado
No campo adverso o fim de um genro ou de um cunhado,
E que, na exultação que a todos nós agita,
Haja quem não pranteie uma íntima desdita.
Se isso é ofender Roma, e à sua mão triunfante
Autoriza punir esse erro doravante,
Que sangue poupará tal bárbaro amanhã,
Que não perdoa nem àquele de uma irmã,
E não pode excusar essa dor lancinante
Em que a uma amante lança o trespasso do amante,
Quando, prestes a unir-se a ele em nupcial aliança,
No túmulo ela vê toda a sua esperança?
Se a Roma o triunfo deu, devemos-lhe tal preito?
De vida e morte tem, sobre nós, o direito?
E havemos só de fruir a culpada existência

Enquanto lhe agradar demonstrar-nos clemência?
Além de Roma, ao caso outras razões se somem:
A de quanto um tal golpe indigno é de um homem;
Podia instar que aqui a vosso olhar se exponha
De um braço vitorioso a barbárie medonha:
Ver-se-ia um sangue puro, a denunciar-lhe o fel,
À face ressurgir desse irmão tão cruel.
Veríeis um horror de abalar alma e nervos,
Podiam sua beleza e idade comover-vos;
Mas fujo a meios tais que lembram o artifício.
Tendes para amanhã marcado o sacrifício:
O céu que o inocente ampara e ao crime é infenso
Da mão de um parricida aceitará o incenso?
É a vós que atingirá o ódio do sacrilégio,
Vede o alvo nele, só, de seu furor egrégio.
Nos três combates seus, aliás, nos diz o tino
Que influiu, mais que sua mão, de Roma o bom destino,
Já que esse mesmo céu, autor de sua vitória,
Deixou que dela logo enxovalhasse a glória
E, se tornasse após tão heróico porte,
Digno num dia só de triunfo e de morte.
Incumbe à vossa voz que essa questão decida:
Pela primeira vez viu Roma um parricida;
Disso a fatal seqüência é o ódio do céu. Meu rei,
Salvai-nos da mão dele, e os imortais temei.

TÚLIO

Defendei-vos, Horácio.

Horácio

Horácio
E de que servirá,
Senhor? sabeis da ação; meu crime ouvistes já.
No que quiserdes crer é que se encontra a lei.
Não pode haver defesa, o juiz sendo meu rei.
Nem o mais inocente é de castigo indene,
Quando, para um monarca, existe o que o condene.
Querer se desculpar perante ele é um crime;
Nosso sangue é seu bem: ele o poupa ou o suprime,
E, se dele dispõe em sua consciência augusta,
Creiamos nós não ser sem uma causa justa.
Pronunciai, pois, senhor, à vossa ordem subscrevo;
Outros amam a vida, e odiá-la é o que devo.
Nem a Valério a mal levo a luta que trava
Ao perseguir o irmão cuja irmã ele amava.
Em meus votos com os dele aqui hoje conspiro,
Já que exige uma morte a que eu também aspiro.
Um só ponto entre nós põe essa diferença:
Quero eu que de minha honra o renome em tal vença,
E, quando a ambos nos vêem visando um mesmo alvo,
Infamar-me a honra é o dele, e o meu é pô-la a salvo.
Raramente, senhor, nos é um azo oferto
Que nos ponha o valor de todo a descoberto.
Conforme o caso, mais ou menos se há de expor,
E mais fraco ou mais forte o vê o espectador.
Tão-só pela aparência o povo tudo orça,
E pelo efeito, só, julga de sua força:
Quer em tudo igual brilho, e depois de um milagre,
Que, em qualquer ocasião, um outro ainda o consagre.
Após feitos de escol, de brio e risco plenos,

Não lhe compensa a espera algo que brilhe menos;
Exige feitos mais e ainda mais retumbantes,
Não vê tempo e ocasiões mais favoráveis antes,
Nem, não surgindo sempre uma outra maravilha,
Que a virtude é igual, se a ocasião menos brilha.
Faz pouco caso, assim, de um grande nome o povo,
E apaga o feito antigo a fraca luz do novo.
E, quando uma nomeada o comum ultrapassa,
Quem não quer decair, que nada mais já faça.
Não vou gabar aqui de meu braço o denodo;
Viu Vossa Majestade o meu combate todo:
Não é de se esperar que o segunde outro igual,
Que responda algum dia uma outra a ocasião tal,
E que, finda esta ação, possa minha coragem
A um êxito chegar que lhe leve a vantagem.
E assim, para que eu deixe uma ilustre memória,
Pode tão-só a morte inda poupar-me a glória;
Melhor fora ela logo após eu ter vencido,
Pois, no que a honra toca, hei já demais vivido.
Para um homem como eu, a glória se definha,
Se ameaçada se vir de infâmia e de ignomínia;
Delas ter-me-ia já a própria mão liberto,
Mas não ousei verter um sangue a vós oferto.
Sem que mo permitais, dispor dele eu não posso:
Seria vos tirar sem licença o que é vosso.
Mas em Roma, senhor, mil guerreiros tereis,
Que poderão sem mim firmar vossos lauréis.
A Vossa Majestade imploro essa dispensa;
E, se aquilo que fiz vale uma recompensa,
Permiti, grande rei, que deste braço o afã
Me imole à minha glória, e não à minha irmã.

HORÁCIO

Cena III

Túlio, Valério, o velho Horácio, Horácio, Sabina

SABINA

Rei, Sabina escutai: vede-lhe a alma em que pousa
Toda a dor de uma irmã e aquela de uma esposa,
Que em profunda aflição aos vossos joelhos geme
Sua família inteira, e pelo esposo teme.
Não é que com tal arte a minha mágoa queira
Subtrair o culpado à trama justiceira:
Por mais que vos servisse, a culpa se lhe exprobre;
Mas castigai tão-só em mim um réu tão nobre.
Todo o seu crime expiai com o meu sangue infeliz;
De vítima igual sereis destarte o juiz.
Não será outorgar-lhe uma injusta piedade,
Mas imolar quem é de seu ser a metade.
Os laços do himeneu e uma chama excessiva
Fazem que mais em mim do que em si mesmo viva,
E, obtendo eu a mercê de expirar neste dia,
Mais morrerá em mim do que em si morreria.
O trespasso que imploro e devo obter enfim,
Aumentar-lhe-á a pena, à minha pondo fim.
Vede, rei, a que excesso o meu transe faz jus
E a que estado medonho os dias me reduz.
Que horror de se abraçar o homem por cuja espada
De todos meus irmãos a vida foi cortada!
E que impiedade mais a de odiar-se um marido,
Por ter tão bem os seus, o Estado e a vós servido!
Amar quem de meu sangue a mão tem rubra ainda!

Não amar quem de Roma hoje as misérias finda!
Possa um feliz trespasse enfim me libertar
Do crime de eu amá-lo, e do de não o amar.
Tal sentença terei por favor muito grande.
De minha mão pudera a obter sem que a demande;
Mas essa morte, enfim, ser-me-á muito mais suave,
Em que, de meu esposo, o opróbrio desagrave,
E em que, os céus amainando, obtenha, com meu sangue,
Que sua virtude rija os deuses menos zangue,
Dos manes de uma irmã que se amaine o furor
E se conserve a Roma um tão bom defensor.

O VELHO HORÁCIO
(ao rei)

Rei, que a Valério então responda, vênia dai:
Ele, e estes filhos meus, conspiram contra um pai.
Querem perder-me os três, e seu louco afã cobra
O pouco que de sangue em minha casa sobra.

(a Sabina)

Tu, que propões opor ao dever prantos vãos,
E abandonando o esposo ir ter com teus irmãos,
Trata de consultar seus manes generosos;
Morreram, mas por Alba, e se têm por ditosos.
Já que o céu ordenou ela tornar-se serva,
Se ainda, depois da vida, um sentir se conserva,
O golpe desse mal mais suave se lhes sai,
Ao ver que é sobre nós que dele a honra recai.
Os três renegarão a mágoa que te toca,
De teu olhar o pranto, os ais de tua boca,
O horror que de um marido insigne dás a ver.

Horácio

Sê sua irmã, Sabina, e cumpre o teu dever.
(ao rei)
Contra esse esposo em vão Valério ora se anime:
Não pode um movimento espontâneo ser crime;
E, em vez de punição, faz a louvores jus,
Quando a virtude um tal movimento produz.
Ter a um nosso inimigo uma paixão sem-par,
De raiva de sua morte a pátria amaldiçoar,
Desejar o pior infortúnio ao Estado,
É o que se chama crime e é o que tem castigado.
Impeliu sua mão de Roma o amor ardente:
E, se menos a amasse, estaria inocente.
Inocente é, meu rei; se não o houvesse sido,
Houvera-o já de um pai a mão ultriz punido;
O poder já teria usado a esse respeito,
Que sobre ele me dá da nascença o direito.
Tendo à honra amor demais, jamais fui de uma classe
Que em seu sangue algum crime ou culpa tolerasse.
Dê-me Valério aí seu próprio testemunho:
Viu como eu o acolhi, de meu furor o cunho,
Quando, a ignorar da luta o final resultado,
Julguei que com sua fuga ele atraiçoara o Estado.
Quem é que o manda aqui zelar minha família,
E, a meu pesar, querer vingar a minha filha?
Por que razão, enfim, neste justo trespasso,
A uma causa se atém, que eu, seu pai, não abraço?
Depois de sua irmã, temem que a outros maltrate.
Mas só de quem é nosso o opróbrio nos abate;
E faça o que fizer quem pertença a outros ramos,
Não nos tocando a nós, não nos ruborizamos.

(a Valério)
Podes chorar, Valério, e em frente a Horácio, até;
Só nos crimes dos seus interessado é:
Quem não for de seu sangue isento é do que afronte
Os louros imortais que cingem sua fronte.
Magnos lauréis, dos quais pretendem o desmaio,
Vós, que pondes sua testa a coberto do raio,
Entregá-lo-eis à mão do algoz, e ao aço infame
Que faz com que dos maus o sangue se derrame?
Romanos, ver-se-á aqui que um homem imolais
Sem o qual Roma não seria nossa mais?
E que um romano possa enxovalhar o nome
Do herói que a todos nós trouxe tão grão renome?
Dize, Valério, já que queres que sucumba,
Em que sítio hás de armar o seu suplício e tumba?
Entre os muros será, onde ressoa e clama
De vozes mil e mil o eco de sua fama?
Fora será, além das ruas e palácios,
No sítio que ainda tinge o sangue dos Curiácios,
No campo de honra, em meio à tripla sepultura
Que atesta o seu denodo e de Roma a ventura?
Não há como ocultar sua pena à vitória;
Fora ou dentro, tudo há de proclamar-lhe a glória,
Tudo a esse alvo se opõe, que teu ódio ora cria,
De com o sangue do herói enodoar-se este dia.
Alba revoltar-se-á contra tal espetáculo,
E Roma, por seu pranto, há de lhe opor obstáculo.
(ao rei)
Haveis de os prevenir, meu rei, e de com justa
Sentença defender de Roma a causa augusta.

Horácio

O que por ela fez, talvez que ainda o faça:
Pode ainda garanti-la um dia da desgraça.
A Roma, não a mim, esse bem outorgai:
De quatro filhos Roma ainda hoje me viu pai;
Mortos três neste dia eu vi por sua querela;
Resta-me ainda um, conservai-o para ela:
Não a priveis de mão tão forte e arma tão rija;
E permiti, por fim, que a ele eu me dirija.
(a Horácio)
Não deves crer, Horácio, o ser o povo bruto
De um sólido renome o senhor absoluto.
Quanta vez de sua voz tumultuosa ergue o ruído,
Mas num momento eleva o que no outro é destruído;
E o que ao nosso renome o seu barulho traz,
Em menos do que um nada, em fumo se desfaz.
Cabe aos grandes, aos reis, a espíritos bem feitos,
Ver a virtude plena em todos seus efeitos;
É deles que se aufere a verdadeira glória;
São eles que de heróis elevam a memória.
Vai, vive, e sê Horácio, e perto de seu lustre,
Teu nome há de ser sempre insigne, grande, ilustre,
Ainda que a ocasião, menos alta ou brilhante,
Engane o injusto afã de uma massa ignorante.
Regressa à vida, e a um pai que por ti é feliz,
E para mais servir teu rei e teu país.
Meu rei, falei demais; mas a questão vos toca,
E Roma inteira aqui falou por minha boca.

Valério

Permiti-me, senhor...

TÚLIO
Valério, aquilo basta:
Seu discurso do vosso o efeito não desgasta;
No espírito lhe guardo os rasgos mais prementes,
E de todo me estão vossas razões presentes.
A essa tremenda ação, justo é que se reaja;
Os deuses injuria e a natureza ultraja,
E o súbito furor que produz um tal crime
Excusa não será que o fato legitime:
Mesmo a lei menos rija a isso dá seu suporte;
E, aceitando-lhe o teor, ele é digno de morte.
Mas que, ao ver-se o culpado, outra noção se forme:
Seu crime, ainda que grande, imperdoável, enorme,
Provém do mesmo ferro e braços destacados
Que me fazem senhor, hoje, de dois Estados.
Os meus dois cetros, e Alba a Roma submetida,
Falam em voz bem alta em prol de sua vida.
Seria eu, quem se curva, onde estou dando a lei,
E súdito onde sou, eu, duas vezes rei.
Para com o trono real, dentro de seus limites,
Muitos súditos bons com votos ficam quites;
Podem lhe ter amor, mas não podem seus feitos
Garantir ao Estado altíssimos efeitos;
E são a arte e o poder de firmar as coroas
Dons insignes que o céu faz a poucas pessoas.
Tais servidores são a força e a arma dos reis,
E também, como tais, acima estão das leis.
Calem-se, pois: que Roma encubra em tal momento
O que em Rômulo viu desde o seu nascimento:
Pode ela tolerar em seu libertador

Horácio

O que já tolerou em seu primeiro autor.
Vive pois, vive, Horácio, herói demais magnânimo:
Põe-te acima do crime o teu virtuoso ânimo;
Causou o teu delito uma nobre querela;
Valha esse efeito, pois, de uma causa tão bela.
Vive, e serve o teu rei; vive, mas Valério ama:
Da cólera entre vós, que se desmanche a trama,
E amor seja, ou o dever, que lhe haja instado o zelo,
Já sem ressentimento habitua-te a vê-lo.
Sabina, debelai a mágoa a que estais presa;
De um nobre coração afastai tal fraqueza:
Vosso pranto enxugando é que haveis de ser mais
A verdadeira irmã daqueles que chorais.
Aos deuses, amanhã, se deve um sacrifício;
E ao nosso voto o céu não seria propício,
Se, antes de se imolar a oferenda ao altar,
Não se pudesse ver como a purificar.
Seu pai é que melhor poderá redimi-la
E apaziguar assim os manes de Camila.
Lamento-a, e algo a render à sorte rigorosa
O que pode almejar a sua alma amorosa,
Já que num mesmo dia a mesma mão encerra
De seu amante e dela o rumo e os volve à terra,
Quero que um mesmo dia a unir sua desfortuna,
Na mesma sepultura os corpos lhes reúna.

POLIEUCTO
Tragédia cristã em cinco atos

PERSONAGENS

Félix	senador romano, governador da Armênia
Polieucto	nobre armênio, genro de Félix
Severo	cavaleiro romano, favorito do imperador Décio
Nearco	nobre armênio, amigo de Polieucto
Paulina	filha de Félix e mulher de Polieucto
Estractone	confidente de Paulina
Albino	confidente de Félix
Fabiano	servo de Severo
Cleon	servo de Félix
Três guardas	

A cena é em Melitena, capital da Armênia, no Palácio de Félix.

PRIMEIRO ATO

Cena I

Polieucto, Nearco

Um sonho de mulher perturba a vossa calma,
E tão reles objeto agita essa grande alma?
Quem da maior bravura em toda guerra se arma,
Com o que uma mulher viu no sono, se alarma?

Polieucto

Eu sei o que é um sonho, e a pouca tolerância
Que um homem deve dar a sua extravagância,
Que de um vapor noturno a visão tetra e vaga
Modela formas vãs que o despertar apaga.
Do que é uma mulher, não sois ciente, porém,
E ignorais que poder sobre a alma toda tem,
Depois que em seu encanto ela nos envolveu,
E que a união se selou com os fachos do himeneu.
Paulina, sem razão, imersa em dor se vê;
Sonhou com minha morte, e nessa visão crê.

Tenta impedir que eu saia, e opõe aquele intento
Em que empenhado estou, lágrimas e lamento.
Posso de seu temor, sem que o aceite, apiedar-me;
A seus prantos ceder, sem que por tal me alarme,
E, sem se intimidar, meu peito enternecido
Reluta a afligir o olhar de que é possuído.
Se atiça quanto mais o efeito se retarde.
Impõe esta ocasião, Nearco, urgências tais,
Que eu deva, de uma amante, ignorar prantos e ais?
Poupemos por um leve atraso seu desgosto,
Para fazer com calma ao que hoje ele é oposto.

NEARCO
Pois sim, mas podereis ter plena segurança
De ter vida assaz longa, e assaz perseverança?
Deus, que vossa alma tem em mãos, a vosso afã
Sua promessa dá que o possais amanhã?
Nem sempre da mercê divina a santa flama,
Sobre nós com igual potência se derrama;
Quando em delongas vãs o íntimo ardor se perde,
Faz com que de seu dom os corações deserde.
O nosso se endurece, esquiva-se, e do braço
Que o derramava, o flux se torna mais escasso,
E esse sagrado ardor que nos conduz ao bem
Mais raramente desce e pouco efeito tem.
O que ao batismo e altar vos impelia à pressa,
Lânguido e fraco, já, de ser o mesmo, cessa.
E, por terdes ouvido algum lamento ou ai,
A flama bruxuleia, e sua luz se esvai.

Polieucto

Polieucto

Não me entendeis: o fogo intenso que em mim arde
Se atiça quanto mais o efeito se retarde.
Se do himeneu me influem piedade os ternos nós,
Deixam-me tão cristão no peito quanto vós;
Fluir o supremo dom da sagração no altar
Com que nos purifica uma água salutar,
E que, a nos desvendar do olhar e da alma o véu,
Nos devolve o inicial direito aos bens do céu,
À glória e ao esplendor de um império o prefiro,
Como supremo bem e o único a que aspiro;
Para satisfazer um justo amor, no entanto,
Creio poder de um dia adiar esse ato santo.

Nearco

Do imigo dos mortais esse é o astucioso afã;
Recorre ele aos ardis quando sua força é vã.
No ódio de intuitos bons que ele tenta abalar,
Se não pode rompê-los, incita a recuar.
Um óbice após outro ele há de ao vosso opor,
Com pranto, hoje, amanhã, seja com o que for.
E esse sonho que imbuiu de tão negras visões,
É a tentativa, já, de suas ilusões.
Usa artifícios mil, roubo, ameaça, esperança,
Ataca a todo instante, insiste e não se cansa.
E, vendo enfim poder o que antes não podia,
Já meio rompido está aquilo que se adia.
Seus golpes contornai, deixai chorar Paulina.
Deus não quer corações que um térreo amor domina.
E quem para trás olha e na escolha reluta,
Quando sua voz o chama, uma outra voz escuta.

Polieucto
Dar-se-á. Ele exige, então, que a mais ninguém se ame?

Nearco
Podemos amar tudo, ordena-o seu ditame.
Mas não o vou negar: Deus, esse Rei dos reis,
Quer o primeiro amor para Ele e suas leis.
Como nada lhe iguala a grandeza sem-par,
Só nele, e depois dele, é que se deve amar,
De esposa, glória e bens deixar de lado o engodo,
E arriscar e verter por Ele o sangue todo.
Mas quão longe ainda estais desse santo desejo
Que vos é necessário e que por vós almejo!
Só posso vos falar com as lágrimas nos olhos:
Quando hoje nos opõem, Polieucto, árduos escolhos,
Que o Estado crêem servir com a atroz perseguição
Que a bárbaro tormento expõe todo cristão,
Como é que as dores mais cruéis superareis,
Se resistir a uns ais e prantos não podeis?

Polieucto
Não me atemorizais: o dó de que sou presa,
Assenta a um nobre brio e não contém fraqueza.
Tem sobre nós o olhar amado encanto forte:
Teme desagradar-lhe quem não teme a morte:
Se eu tiver que enfrentar os mais cruéis suplícios,
Ver neles a ventura e abençoar seus auspícios,
Vosso Deus, que chamar de meu, não ouso ainda,
Tornando-me cristão, dar-me-á sua força infinda.

Polieucto

Nearco

Correi a sê-lo, então.

Polieucto

Sim, corro, caro Nearco
Ardo por atingir um tão glorioso marco.
Mas Paulina demais com sua visão se aflige
E que eu não saia hoje, a todo custo exige.

Nearco

Vossa volta há de ter para ela mais encantos;
Numa hora, ao mais tardar, enxugareis seus prantos.
E ser-lhe-á a reunião prazer mais venturoso,
Após tanto afligir-se por tão caro esposo.
Vinde, esperam por nós.

Polieucto

Calmai, pois, seu temor,
E de sua alma inquieta apaziguai a dor.
Lá vem ela.

Nearco

Fugi.

Polieucto

Não posso.

Nearco

É necessário.
Subtraí a fraqueza a um possante adversário

Que dela ciência tem, cuja ferida é grata,
E cujo mortal golpe agrada quando mata.

Cena II

POLIEUCTO, NEARCO, PAULINA, ESTRATONICE

POLIEUCTO
Fujamos, pois. Adeus, Paulina, adeus por ora.
Eu tornarei a vós, já dentro de uma hora.

PAULINA
Que objeto tão premente a sair vos convida?
Está em jogo a honra, está em jogo a vida?

POLIEUCTO
Está em jogo mais.

PAULINA
Que segredo é esse, então?

POLIEUCTO
Um dia o sabereis: deixo-vos com aflição,
Mas devo ir.

PAULINA
Isso é amor?

POLIEUCTO
Paulina, amo-vos, sim,

Polieucto

Possa atestar-mo o céu, cem vezes mais que a mim,
Mas...

Paulina

Mas não vos comove aí meu desprazer.
Segredos ocultais que eu não posso saber!
Que prova é essa de amor? em nome do himeneu,
Um dia, só, votai a este pedido meu.

Polieucto

Temeis destarte um sonho

Paulina

O seu presságio é espúrio,
Eu sei, mas eu vos amo, e me apavora o augúrio.

Polieucto

Mal algum receeis de mera hora de ausência.
Adeus: força demais vos apóia a exigência.
Sinto que aos poucos já meu coração conquista,
E tenho de fugir para que vos resista.

Cena III

Paulina, Estratonice

Paulina

Vai, corre, sem me ouvir os ais do peito aflito,
Para a morte encontrar que os deuses me hão predito;

Segue o agente fatal de tua infausta sina,
Que te entrega talvez a uma mão assassina.
Estratonice, vês em que época vivemos:
Sobre um esposo, vê o pouco que podemos.
Eis o efeito comum, e tudo o que nos resta
Dos votos de um amante e do amor que ele atesta.
Enquanto amantes são, nosso poder acatam,
E até nos conquistar, qual rainhas nos tratam.
Mas tornam-se eles reis logo após o himeneu.

                  ESTRATONICE
Polieucto, já, do amor por vós, cem provas deu;
Se aqui não vos outorga inteira confidência,
Se a vosso pesar parte, é um rasgo de prudência.
Sem mais vos afligir com o que aqui se vê,
Crede ele ter razões que vos celem porque
Deveis vos convencer que seu motivo é sério:
Convém que de um esposo oculte algo o critério,
Que às vezes seja livre, e é rebaixá-lo, aliás,
Querer que contas dê de tudo o que ele faz.
Tem-se um só coração nas ocasiões adversas,
Mas desse coração as funções são diversas.
E do himeneu a lei, que um a outro vos algema,
Quando sentis temor, não manda que ele tema.
O que ânsia vos influi, não lhe perturba o gênio;
Lembrai-vos de que sois romana e que ele é armênio;
E já não ignorais que essas duas nações
Não têm sobre esse assunto as mesmas impressões.
Um sonho, à nossa mente, é uma visão absurda,
Temo-lo sem que medo e auspícios em nós urda;

Mas seu teor assume em Roma a autoridade
De espelho fiel da vida e da fatalidade.

Paulina
Sei quanto é reduzida a fé que ele em vós cria,
Mas creio que teu medo o meu igualaria,
Se de pavores tais visses a imagem viva,
Ouvisses-lhes, até, a mera narrativa.

Estratonice
Quem de seus males fala, alívio já desfruta.

Paulina
Mas tens de saber mais a esse respeito: escuta!
Deves, para melhor entender o que digo,
Conhecer-me a fraqueza e meu amor antigo.
Uma mulher de bem pode, sem que se peje,
Um tal laço admitir, quando a razão o rege;
Destarte é que a virtude, aliás, se manifesta.
E quem jamais lutou, seu poder não atesta.
Em Roma, onde nasci, cativou por inteiro
Este rosto infeliz um nobre cavaleiro.
Chamava-se Severo: excusa aí meus ais,
Arrancam-nos um nome ainda caro demais.

Estratonice
É o que das mãos do imigo, em audaz investida,
Livrou o imperador à custa de sua vida?
Que, destruindo ao morrer os adversários planos,
A sorte transferiu dos persas aos romanos,

E que, entre tantos mil que haviam perecido,
Depois já não se achou, nem foi reconhecido,
E a cuja sombra, enfim, por feitos tão gloriosos,
Décio fez erigir cenotáfios pomposos?

PAULINA
Era ele, sim, e o céu de Roma não recobre
Homem mais valoroso ou coração mais nobre.
Já que sabes quem é, sobre ele o resto calo;
Estratonice, o amei: merecia eu amá-lo.
Mas de que uso é o valor, quando a fortuna falta?
Era escassa e comum para uma alma tão alta.
Obstáculo fatal, de que, junto a um pai,
Vencedor raramente um mero amante sai.

ESTRATONICE
É dar digna ocasião a amores mais constantes.

PAULINA
A resistência louca e indigna, dize antes.
Qualquer bem que de tal recolha uma mulher,
Virtude só será para quem falhar quer.
Malgrado o grande amor que a Severo eu votava,
É das mãos do meu pai que um esposo aguardava.
Pronta a tomá-lo, e nunca anuiu minha razão.
A acatar de minha alma a traiçoeira emoção.
Meu coração possuía, anelos, pensamentos,
Não lhe ocultava o ardor desses meus sentimentos;
Chorávamos em dois a desaventurança,
Mas tínhamos só pranto e nenhuma esperança.

Polieucto

E, apesar desses ais de amor tão favoráveis,
Meu pai e meu dever eram inexoráveis,
Num derradeiro adeus, de Roma enfim parti,
Para seguir meu pai em seu governo aqui.
E então, desesperado, e que ele foi na armada
Procurar de uma morte heróica a nomeada.
O resto sabes já: mal tínhamos chegado,
Polieucto aqui me viu, e influi-lhe à vista agrado.
E, como é da nobreza o chefe, e de alta classe,
A meu pai encantou que amor me dedicasse,
E julgou, ademais, auferir dessa aliança
De mais autoridade e prestígio a fiança.
Sua chama aprovou e concluiu o himeneu.
E eu, quando assim me vi votada ao leito seu,
Por dever dediquei tudo a sua afeição,
O que outorgara ao outro a minha inclinação.
E se duvidas aí, pelo transe o avalia
Que em minha alma ainda vês neste agourento dia.

Estratonice
Manifesta a que ponto amor lhe dedicais,
Mas que sonho, afinal, vos influiu sustos tais?

Paulina
Esse infeliz Severo eu esta noite vira,
Com a vingança em mãos, o olhar brilhando de ira.
Coberto não o vi dos míseros retalhos
Com que da tumba saem tristonhos espantalhos.
Varado não o vi dos golpes cheios de glória
Que, ao cortar sua vida, alçaram-lhe a memória.

Triunfante parecia: assim, no carro assoma
O nosso César, quando em triunfo ele entra em Roma.
Após me influir sua vista alguns temores breves,
"Leva a quem queiras, disse, o favor que me deves,
Ingrata, e ao expirar deste dia a luz triste,
O esposo chorarás que a meus nós preferiste."
Ouvindo-o, estremeci, de pavor a alma cheia;
Logo após, dos cristãos uma estranha assembléia,
Como que a realizar esse aviso fatal,
Polieucto arremessou aos pés de seu rival.
Eu clamei por meu pai, para, nesse infortúnio
Prestar-lhe auxílio, e aí é que mais me acabrunho.
Com um punhal na mão, o braço erguido, em cheio
Eu vi meu próprio pai pronto a varar-lhe o seio.
Lá minha dor borrou imagem tão estranha,
Com o sangue de Polieucto acalmou-se essa sanha.
Não sei dizer nem como e nem quando o mataram,
Mas todos de sua morte ali participaram.
Esse é meu sonho, vês!

ESTRATONICE

De fato ele contrista,
Mas convém que vossa alma a este temor resista:
Essa visão, por si, pode incutir horror,
Mas não vos pode influir um lógico terror.
Podeis temer um morto? e mais um pai, a quem
Vosso esposo venera, e que amor a este tem?
Que da filha lhe fez com sábio alvitre o dom,
Para ter nesta terra apoio firme e bom?

Polieucto

Paulina

É o que me diz também, e de meus sustos ri-se;
Mas temo dos cristãos conjuras e crendice;
Que sobre meu esposo intentem ver vingado
Tanto sangue já aqui por meu pai derramado.

Estratonice

É seita ímpia, insensata, e dada ao sacrilégio,
E em sacrifícios seus emprega o sortilégio;
Mas só destrói sua ira altares divinais:
Contra os deuses se lança, e não contra os mortais.
Vendo-se ao mais cruel rigor eles sujeitos,
Sofrem sem murmurar, e morrem satisfeitos;
E, por mais que lhes dêem de réus de Estado o trato,
Não se lhes atribui nenhum assassinato.

Paulina

Cala-te, meu pai vem.

Cena IV

Félix, Albino, Paulina, Estratonice

Félix

Minha filha, ah, de quanto
Temor me enche teu sonho e singular espanto!
Como parece estar já perto o seu efeito!

Paulina

Que súbita aflição vos deixa assim desfeito?

####### Félix

Severo não morreu.

####### Paulina

Traz-nos sua vida um mal?

####### Félix

Ele é do imperador favorito oficial.

####### Paulina

Depois de o ter das mãos do inimigo liberto,
Era justiça ser-lhe esse alto preito oferto;
E, em premiar o valor tantas vezes omissa,
A sorte a uma alma nobre às vezes faz justiça.

####### Félix

Ele mesmo aqui vem.

####### Paulina

Ele vem!

####### Félix

Sim, vais vê-lo.

####### Paulina

Isso é demais; porém, como podeis sabê-lo?

####### Félix

Já perto Albino o viu, no val que o rio banha;
E a hoste de cortesãos e oficiais que o acompanha

Polieucto

Mostra a que alto favor o levou o destino.
Mas dize-lhe o que os seus te têm contado, Albino.

Albino
Sabeis vós o que foi essa grande jornada,
Que sua perda tornou para nós fortunada,
Quando após ter liberto o imperador cativo.
A seu partido influiu novo arremesso vivo,
Mas sob a massa adversa afinal sucumbiu;
Sabeis que honras reais sua sombra auferiu,
Quando entre os mortos já não fora encontrado:
Por ordem do rei persa o haviam retirado.
Tendo de seu valor presenciado a áurea marca,
Quis conhecer-lhe o aspecto aquele grão monarca;
Em sua tenda o acolheu: lá, de golpes varado,
Tido por morto, foi por todos venerado.
Mas deu sinais de vida enfim seu corpo rijo,
E a nobre alma do rei se encheu de regozijo.
Ainda que fosse o autor de sua desventura,
Do braço que a causara ele honrou a bravura;
Fê-lo tratar qual filho, em condição secreta,
E, como após um mês a cura foi completa,
Sua aliança ofereceu-lhe, honras, riquezas em mãos,
E fez por conquistá-lo, sem esforços vãos.
Até que enfim, a alçar-lhe o brio e a honradez,
Propostas de uma troca a nosso Décio fez.
E o Imperador propôs, a alma em ventura imersa,
Além de seu irmão, cem chefes ao rei persa.
Tornou ao nosso campo o magno herói assim,
Para de seu valor granjear o prêmio, enfim.

Foi o imperial favor seu lídimo salário.
Mas nos surpreende aí noutro assalto o adversário.
E vê-se esse infortúnio alçar-lhe mais a glória;
A ordem restabelece e conquista a vitória,
E nela tanta proeza extraordinária avulta,
Que nos pagam tributo e a paz por fim resulta.
O imperador, que amor infinito lhe empenha,
Após tão grande triunfo, agora o enviou à Armênia,
E vem, da feliz nova instruindo esta paragem,
De um sacrifício armar aos deuses a homenagem.

Félix
De minha sorte, ah, céus! fatal reviravolta!

Albino
De tudo isso me instruiu homem de sua escolta,
E desse evento vim correndo dar-vos parte.

Félix
Ah, minha filha, aqui vem é para esposar-te!
Nada lhe significa a ordem do sacrifício.
Inspirou seu amor um pretexto fictício!

Paulina
Isso é possível, sim; eu lhe era muito cara.

Félix
O seu ressentimento aí que não prepara?
E a justa fúria e mais do alto poder a aliança.
Até que ponto não levarão a vingança!
Destruir-nos-á, Paulina!

Polieucto

Paulina
É demais generoso.

Félix
Queres calmar-me em vão, tens um pai desditoso!
Ah, pesar que me mata e me enche de amargura,
Eu não ter apreciado uma virtude pura!
Paulina, por demais me tens obedecido,
Teu respeito ao dever é o que nos tem traído.
Como tua rebelião me fora favorável
E me poupara agora um transe deplorável!
Só resta uma esperança ainda neste dia,
É o poder que sobre ele o teu olhar possuía.
Granjeia em meu favor o amor que tem por ti,
E que do próprio mal saia o remédio aí.

Paulina
Como! eu tornar a ver o vencedor que amara,
E expor-me a um olhar que o coração me vara!
Meu pai, eu sou mulher, minha fraqueza sinto,
Comove já minha alma aquele amor extinto.
Malgrado a minha fé, exalaria assim
Algum suspiro, indigno de vós e de mim.
Não o verei.

Félix
Do anseio a tua alma prescinda!

Paulina
Ele ainda é belo e nobre, e eu sou mulher ainda;
Por mais que contra o amor de outrora hoje me escude,

Não ouso assegurar toda a minha virtude.
Não o verei.

Félix
Mas tens de vê-lo, minha filha,
Ou trais aí teu pai e toda a tua família.

Paulina
Mandais que eu me submeta, e nada digo mais;
Mas avaliai o risco a que me sujeitais.

Félix
Conheço a tua virtude.

Paulina
Há de levar a palma;
Não é a sua derrota o que teme minha alma;
Dos meus sentidos temo a agitação, e um duro
Combate contra o opoente amado já auguro.
Mas já que àquele encontro eu devo sujeitar-me,
Ao menos, contra mim, dai-me vênia que me arme,
Que com alguma folga eu me prepare a vê-lo.

Félix
Até diante do muro eu corro a recebê-lo;
Tua força recupera, e sem pesares vãos,
Lembra que nosso fado está em tuas mãos.

Paulina
Mais uma vez domino então meus sentimentos,
De vítima servindo a vossos mandamentos.

SEGUNDO ATO

Cena I

SEVERO, FABIANO

SEVERO
Enquanto Félix dá a ordem do sacrifício,
Algum tempo terei, aos meus votos propício?
Poderei vê-la, enfim, e render a Paulina
O preito que ao altar dos deuses se destina?
Sabes que o que me traz aqui é isto, apenas.
Pretexto o resto é, que me alivie as penas;
Venho sacrificar, mas é à sua beleza
Que pretendo imolar toda a minha grandeza.

FABIANO
Vê-la-eis, Senhor.

SEVERO
Vê-la-ei! ah, que auge de ventura!
Consente que a reveja a amada criatura!

Mas ainda algum poder posso à sua alma impor?
E nela transparece um resto ainda de amor?
Que anseio, que emoção lhe causa a minha vinda?
Posso esperar do encontro uma ventura infinda?
Preferia morrer antes do que abusar
Das cartas de favor com que a venho esposar.
Para Félix, e não por triunfar dela as trouxe:
Jamais, a votos seus, minha alma recusou-se.
E houvesse de seu fado o meu mudado a face,
Vencer-me-ia, a mim, sem que algo reclamasse.

FABIANO
Senhor, haveis de vê-la. Nada mais vos digo.

SEVERO
O que é, Fabiano? que ais são esses? que há contigo?
Esclarece esse ponto! ela não me ama mais?

FABIANO
Crede, é melhor, senhor, que não a revejais.
De vosso amor levai a honra a esfera mais alta:
De outras amantes não tereis em Roma falta.
No grau de honra e poder, Senhor, que em vós se aponta,
Os maiores tê-la-ão de afortunada em conta.

SEVERO
Eu! que com tal baixeza a minha alma reaja
E que por inferior Paulina a meu fado haja!
Mais desprendida foi. Não! meu amor proclamo;
Só para merecê-la, o meu triunfo amo.

Polieucto

Fabiano, vamos vê-la! é tua fala importuna;
Venho aqui a seus pés depor minha fortuna:
No calor do combate ela me foi benigna,
Quando uma morte quis, de seu amante digna.
São dela a pompa, a glória, esse favor que obtive,
E nada tenho, enfim, que dela não derive.

Fabiano

Contudo não convém, senhor, que a revejais.

Severo

Ah, esclarece o ponto enfim! já é demais!
Frieza demonstrou? ouviu-te ela calada?

Fabiano

Eu tremo aos vos dizê-lo; ela é...

Severo

O quê?

Fabiano

Casada.

Severo

Ampara-me, Fabiano, este golpe é tremendo;
Me abate quanto mais com ele me surpreendo.

Fabiano

Ah, relembrai, Senhor, vossa exemplar coragem.

Corneille

Severo
Seus brios, na ocasião, dificilmente reagem.
Não sobra em tal desgraça algo em que a alma se escude;
Perde a sua força toda a mais viril virtude;
E, quando de paixão tão forte almas são presas,
A morte menos cruel será que tais surpresas.
Já nem sei mais o que ouço... e o espírito, incapaz...
Paulina, céus! casada!

Fabiano
Uns quinze dias faz.
Polieucto, um grão senhor, na Armênia um dos primeiros,
Frui de seu himeneu favores lisonjeiros.

Severo
Ao menos não direi ter escolhido mal;
Polieucto tem um nome e sai de sangue real.
Alívio inócuo e vão de irremediável sina!
Um outro vos possui, de um outro sois, Paulina!
Ó, céu, que a meu pesar me restituíste ao dia,
Ó sorte, em que depus a esperança baldia,
Retomai o favor que em vão me conferistes,
E restituí-me a morte a que me subtraístes!
Vê-la-emos, todavia, e nestes átrios seus,
Vamos morrer de vez ao lhe dizer adeus;
Meu coração, levando a tumba sua imagem,
De seu último ai lhe renda a homenagem!

Fabiano
Senhor, considerai...

Polieucto

Severo
Já foi considerado.
Que golpe há de temer ainda um desesperado?
Não consente ela?

Fabiano
Sim, senhor, mas...

Severo
Pouco importa.

Fabiano
Tornar-se-á ainda mais forte a dor que vos transporta.

Severo
Não se trata de um mal que eu queira socorrer,
Quero vê-la, tão-só, suspirar e morrer.

Fabiano
Não vos dominareis, temo, em sua presença;
É raro que em tal transe uma alma o ímpeto vença;
No encontro sua mágoa entrega-se à paixão,
E exala sua dor na injúria e imprecação.

Severo
Não vás julgar-me assim: vale ainda o meu respeito;
Por mais que eu desespere, a ela ainda rendo preito.
De reprová-la, aliás, que direito tenho eu?
De que posso acusar quem nada prometeu?
Ela não é leviana, ela não é perjura:

Traiem-na o dever, seu pai, e minha desventura.
Mas era um dever justo, e o pai tinha razão:
Só do infortúnio meu provém toda a traição:
Fortuna mais modesta e algo menos tardia,
Vencia um pelo outro e ma conservaria.
Feliz tarde demais, já não a pude obter,
Deixa-me vê-la, pois, suspirar e morrer.

FABIANO

Sim, vou-lhe assegurar que sois, nesta desdita,
Forte assaz por vencer ímpetos da alma aflita.
Temeu a ira, como eu, que num primeiro instante
A perda inesperada arranca a um real amante.
Incita ela à violência e a mágoa já de sobra,
Mas o objeto presente a exacerba e redobra.

SEVERO

Fabiano, ei-la, vejo-a...

FABIANO

Ah, senhor, com repouso...

SEVERO

Ai de mim, ama um outro, um outro é seu esposo!

Cena II

SEVERO, PAULINA, ESTRATONICE, FABIANO

Polieucto

Paulina

Sim, eu o amo, senhor, sem que de tal me escuse.
Que outro, a vos lisonjear, de vossa fé abuse.
Tem Paulina alma nobre, e usa linguagem clara:
Não é de vossa morte o eco o que nos separa.
Se do himeneu me houvesse o céu a escolha dado,
Só a vosso valor ter-me-ia eu entregado.
E nem todo o rigor de vosso azar de antanho,
Teria minha anuência a uma outra escolha ganho.
Eu descobria em vós de assaz mérito a marca,
Para vos preferir ao mais feliz monarca.
Mas me impunha outras leis do dever o interesse:
Qualquer nó que meu pai para mim escolhesse,
Ainda que aos sumos dons que ornam nossa pessoa
Juntásseis o esplendor todo de uma coroa,
Por mais que eu vos amasse, e a outro ódio houvesse tido,
Houvera suspirado, e houvera obedecido.
E de minha razão lei soberana e fria,
Vencendo meu amor, o ódio dissiparia.

Severo

Quão feliz sois! uma hora em que algo suspirásseis,
A vosso desprazer traria alívios fáceis;
De vossos votos, pois, sempre dona absoluta,
Qualquer transformação vos deixa resoluta.
O espírito levais do fervor de mais peso
Até a indiferença e talvez ao desprezo;
E faz vossa firmeza alternar, no episódio,
Com o desdém o favor, e com o amor o ódio.
De tal gênio, ou virtude, ah! como um resto, apenas,

De minha alma abatida aliviaria as penas!
Uma lágrima, um ai, só a custo exalado,
Da dor de vos perder, ter-me-ia já curado;
Vencedora a razão do amor enfraquecido,
Da indiferença já chegaria ao olvido;
E meu fogo, a adotar do vosso a diretriz,
Nos braços de outra, já, deixara-me feliz,
Oh, objeto sedutor, que me encantou demais,
É pois assim que se ama, amastes-me jamais?

PAULINA
Quanto o mostrei, Senhor! se de minha alma a trama
Conseguisse abafar os restos dessa flama,
Céus, como evitaria anseios e tormentos!
Mas, se a razão em mim domina os sentimentos,
Sobre eles seu rigor, quando os desautoriza,
Não consegue imperar, tão-só os tiraniza;
E, ainda que o exterior não demonstre emoção,
Tudo em meu íntimo é combate e agitação.
Não sei que encanto a vós me está ainda impelindo,
Vale a razão, mas é vosso mérito infindo.
Tal como me alumiara a flama, hoje ainda o vejo
Com tanta força mais requestar meu desejo,
Que de poder se vê circundado, e de glória,
E arrasta em toda parte após si a vitória,
Que sei melhor seu preço, e que glória tão rara
Auspícios não frustrou que dele eu augurara.
Mas do mesmo dever que em Roma já o venceu
E que à lei de um esposo aqui me submeteu,
Em obstar a atração toda a força ainda vale:

Polieucto

Se a alma me dilacera, impede que se abale.
E essa é a virtude presa a leis inexoráveis,
Que exaltáveis outrora enquanto a blasfemáveis.
Dela ainda vos queixai, mas outorgai-me a palma
Que triunfa a um tempo só de vós e de minha alma;
E admiti que um dever menos firme e sincero
Jamais mereceria o amor do grão Severo.

Severo

Ah, Senhor, perdoai de uma dor cega o cunho,
Que só conhece o cruel excesso do infortúnio.
Eu chamei de inconstância, e tomei por um crime,
De um rígido dever o esforço mais sublime.
Ao menos a meu transe ocultai, por mercê,
Quanto perco, e o valor que em vossa alma se vê;
Disfarçai por piedade essa virtude rara
Que me redobra o ardor, quando mais nos separa;
Defeitos patenteai, para que minha dor
Consigam atenuar junto com meu amor.

Paulina

Tal virtude, ai de mim, contanto que invencível,
Demais revela uma alma ainda demais sensível.
Comprovam-no estes ais, e as lágrimas inglórias
Que de um infausto amor me arrancam as memórias.
De uma amável presença efeito natural,
Contra o qual meu dever já se defende mal!
Mas, se ainda esse dever tão rígido estimais,
Salvaguardai-lhe a glória e não me revejais.
As lágrimas poupai-me, e ais com que me envergonho,

Poupai-me o ardor ao qual com dor me sobreponho,
Do encontro enfim poupai-me outros tristes momentos,
Que mais hão de irritar vossos e meus tormentos.

SEVERO
Privar-me desse bem, o único que me resta!

PAULINA
Salvai-vos de uma vista a ambos nós funesta.

SEVERO
Que prêmio a meu amor! dos feitos meus, que fruto!

PAULINA
De nosso mal exige a cura esse tributo.

SEVERO
Quero morrer do meu: amai a sua memória.

PAULINA
Quero sarar do meu: macular-me-ia a glória.

SEVERO
Ah, já que vossa glória outro desfecho veda,
Obriga minha mágoa a que em seu bem vos ceda.
Algo há que sobre mim seu valor não obtenha?
Em restituir-me o amor que devo ao meu se empenha.
Adeus, vou procurar no calor da batalha
Trespasso que por glória a meu renome valha,
E por um nobre fim preencher dignamente

Polieucto
A espera a que faz jus meu feito precedente.
Se ainda essa traição mortífera da sorte,
Vida assaz me deixar para buscar a morte.

Paulina
E eu, de quem vossa vista aumenta ainda o suplício,
A ela hei de me esquivar até no sacrifício;
E as mágoas ocultando em minha alcova a sós,
Votos secretos vou fazer aos céus por vós.

Severo
Possam se contentar eles com minha ruína,
E outorgar vida e bens a Polieucto e Paulina!

Paulina
Possa Severo achar, depois da desventura,
Felicidade mor digna de sua bravura!

Severo
Eu a encontrava em vós.

Paulina
De um pai dependente era.

Severo
Oh dever que me perde e que me desespera!
Adeus, objeto amado e por demais virtuoso.

Paulina
Adeus, amante leal, demais nobre e inditoso.

Cena III

PAULINA, ESTRATONICE

ESTRATONICE
Ambos vós lamentei: lágrimas verto ainda;
Mas de vossa alma o alarme agora ao menos finda:
Vedes já sem temor que vosso sonho é vão;
Severo aqui não vem com a vingança em mão.

PAULINA
Ah, deixai que eu respire! é assim que me lamentas?
No auge de minha dor meu terror realentas;
Dá-me um pouco de folga antes que mais mo abales,
E poupa-me a aflição de redobrados males.

ESTRATONICE
Como? ainda sentis medo?

PAULINA
Estratonice, eu tremo;
Sei que já sem razão e sem justiça temo,
Mas me evoca esse medo ainda a todo instante
Da visão desta noite o quadro horripilante.

ESTRATONICE
Severo é generoso.

PAULINA
Ainda assim, sem parar,
Polieucto ensangüentado assoma ao meu olhar.

POLIEUCTO

ESTRATONICE
Vedes que esse rival por ele votos faz.

PAULINA
De dar-lhe apoio, até, o tenho por capaz.
Mas que seja essa crença irrisória ou real,
Pode ainda sua estada aqui nos ser fatal;
Por mais que de grandeza a sua virtude se arme,
Ama-me, é poderoso, e veio para esposar-me.

Cena IV

POLIEUCTO, NEARCO, PAULINA, ESTRATONICE

POLIEUCTO
Pranto demais verteis, senhora, é hora que segue:
Vossa dor se esvaneça e ao susto ponde xeque.
Vossos deuses vos têm um falso aviso enviado,
Estou vivo, e me estais revendo ao vosso lado.

PAULINA
O dia ainda é longo, e mais me atemorizo
Por ver que se efetuou metade, já, do aviso.
Severo cria morto, e nesta terra o vejo.

POLIEUCTO
Sei, mas de alarme algum isso será ensejo.
Seja quem for Severo, estou em Melitena;

CORNEILLE

Sei quem sou, vosso pai aqui governa e ordena.
E não consigo crer que possam com razão
Temer em tão grande alma uma sutil traição.
Sei que vos veio render de uma visita o preito,
E eu vinha lhe prestar a honra a que tem direito.

PAULINA

Assaz triste e confuso ele saiu daqui;
Mas que não me reveja, eu dele consegui.

POLIEUCTO

Julgais que eu tenha a mente a desconfiar propensa?

PAULINA

Seria a todos três a mais injusta ofensa.
Mas pode seu olhar me influir desassossego.
Evitar todo risco é da virtude o apego.
Quem se expõe ao perigo a falhas já se oferta.
E para vos falar com alma e mente aberta,
Depois de a um real valor termos rendido preito,
De encantar, sua presença ainda tem direito.
Além do pejo, quando o choque nos surpreende,
Sofre-se ao resistir, sofre quem se defende,
E, ainda que a virtude o seu mandato imponha,
A vitória é penosa e o combate envergonha.

POLIEUCTO

Ó virtude exemplar, dever demais sincero,
Como deveis custar pesares a Severo!

Polieucto

Deixais-me à custa dele ainda mais feliz,
E de doçura imensa o coração me imbuís!
Mais meus defeitos vejo e mais eu vos contemplo,
Mas admiro…

Cena V

Polieucto, Paulina, Nearco, Estratonice, Cleon

Cleon

Senhor, Félix vos chama ao templo.
De joelhos todo o povo está já no lugar,
E esperam só por vós para sacrificar.

Polieucto

Sigo-te já. Senhora, a nós não vos juntais?

Paulina

Severo teme ver-me, a dor lhe irrito mais.
Minha palavra dei, e não o quero ver.
Adeus: vós o vereis; lembrai o seu poder,
Do crédito e favor que frui a escala extrema.

Polieucto

Em todo o seu favor nada haverá que eu tema.
E, conhecendo já sua magnanimidade,
Nosso porfiar será só o da civilidade.

Cena VI

POLIEUCTO, NEARCO

NEARCO
Para onde ides?

POLIEUCTO
Ao templo, onde me estão chamando.

NEARCO
Partilhar de orações de um culto ímpio e nefando?
Como isso! já não mais lembrais que sois cristão?

POLIEUCTO
Vós, por quem eu o sou, o recordais, então?

NEARCO
Dos falsos deuses sinto horror.

POLIEUCTO
Eu os detesto.

NEARCO
Por ímpio o culto tenho.

POLIEUCTO
E o tenho eu por funesto.

NEARCO
Fugi de altares seus!

Polieucto

Polieucto
Não, quero é derrubá-los,
E morrer em seu templo, ou lá aniquilá-los.
Vamos, querido Nearco, atestar aos humanos
Quem somos, e enfrentar seus ídolos profanos!
Do céu esse é o desejo, é preciso acatá-los;
Há pouco o prometi, e vou realizá-lo.
Rendo ao Deus de que me hás revelado o segredo,
Graças desta ocasião que fez surgir tão cedo,
Em que sua mercê, corroendo-me a fé nova,
Digna-se de seu dom pôr-me a constância à prova.

Nearco
Tal zelo moderai. Demasiado ardor gera.

Polieucto
Nunca o ardor é demais quando Deus se venera.

Nearco
À morte ides.

Polieucto
Por Ele a busca meu alento.

Nearco
A se a alma fraquejar?

Polieucto
Nele acharei sustento.

Corneille

Nearco
Não manda sua lei lançar-se àquela glória.

Polieucto
Mais ela é voluntária, e mais é meritória.

Nearco
Basta, sem procurá-la, esperar o sofrer.

Polieucto
Forçado sofre quem não se ousa oferecer.

Nearco
Mas nesse templo, enfim, a morte é assegurada.

Polieucto
Mas no céu está a palma preparada.

Nearco
Devemo-la adquirir por vida santa e bela.

Polieucto
Meus crimes, se eu viver, podem privar-me dela.
Por que ao acaso expor o que a morte assegura?
Quando nos abre o céu, é tê-la ainda por dura?
De todo seu cristão, Nearco, e tudo aceito:
A fé que recebi aspira o seu efeito.
Quem foge, crê sem força e tem uma fé morta.

Polieucto

Nearco
Poupai a vossa vida, a Deus mesmo ela importa.
Vivei para os cristãos daqui, por protegê-los.

Polieucto
O exemplo de meu fim mais firmará seus zelos.

Nearco
Quereis morrer, então?

Polieucto
Da vida sois amigo?

Nearco
Não posso disfarçar que a custo só vos sigo:
Temo que sob o horror dos tormentos sucumba.

Polieucto
Quem com firmeza andar, não teme a queda ou a tumba.
Deus dá sua força infinda a quem à fé se entrega.
Quem teme renegá-la, em sua alma o renega:
Duvida de um fervor que já não vem a lume.

Nearco
Quem nada crê temer, demais de si presume.

Polieucto
Não busca a força em mim: tudo aguardo do céu.
Mas, em vez de me instar, quem vos insta sou eu?
Como! esfriais?

Corneille

Nearco

Temeu a morte, Deus, até.

Polieucto

Mas ofertou-se; valha o exemplo à nossa fé!
Surjam do entulho em pó dos ídolos, celestes
Altares: é mister (lembro o que antes dissestes)
De esposa, glória e bens, deixar de lado o engodo,
E arriscar e verter por Ele o sangue todo.
Nearco, ai! que é do ardor desses perfeitos nós
Que almejáveis por mim e que almejo por vós?
E não vos enciumais, se inda em vós sobra um resto,
Que eu, mal fiquei cristão, mais do que vós o atesto?

Nearco

Do batismo saís, e é o que vos fortalece,
Crime algum ainda, em vós, dele a graça enfraquece;
De sua mercê vossa alma em pleno se ressente,
E tudo é fácil ainda a um fogo veemente;
Mas em mim, dirimida, aquela mesma graça
Por mil pecados já enfraquecida, lassa;
Age na hora da ação com languecente passo,
E em tudo óbices acha o seu vigor escasso.
Vejo em fraquezas tais, a esse langor propensas,
Lídimas punições que atraem minhas ofensas;
Mas Deus, de quem jamais se deve duvidar,
Vosso exemplo me dá por me fortificar.
Vamos, caro Polieucto, atestar aos humanos
Quem somos, e enfrentar seus ídolos profanos;
Possa do sofrimento o exemplo eu vos dar,
Como vós me estais dando o de vós ofertar!

Polieucto

Polieucto
Nesse assomo feliz que ora o céu vos envia,
Nearco reconheço, e choro de alegria.
O sacrifício espera: ambos vamos, sem pausa,
Do verdadeiro Deus lá sustentar a causa.
Vamos pisar os pés esses trovões risíveis,
De que arma um povo ignaro estátuas perecíveis;
Vamos lhe iluminar a cegueira fatal
E arrasar deuses vãos de pedra e de metal.
Que espelhe o divinal esplendor nosso gesto;
Triunfe Deus por nós: disponha Ele do resto!

Nearco
Vamos alçar-lhe a glória ante o mundo, e alta voz
Responder com fervor ao que requer de nós.

TERCEIRO ATO

Cena I

PAULINA

Que confusas visões, que agitações flutuantes
Me evocam ante a vista imagens inconstantes!
Doce paz que minha alma aflita espera e aguarda,
Para me iluminar, como teu raio tarda!
Mil preocupações que meus transes produzem
Vão se alternando em mim, e a nada se reduzem.
Não vejo uma esperança em que a alma se me pouse,
Não há temor algum em que firmar-se ouse.
Minha mente, a abranger tudo o que ela imagina,
Ora vê minha dita, e ora minha ruína.
E tão pouco eficaz é em lhes seguir a idéia,
Que nada espera a fundo, ou de todo receia.
Severo a todo instante a visão me enuvia:
Tenho fé nele, e temo a ira que o ciúme cria;
E não ouso esperar que com alma serena
Polieucto seu rival acolha em Melitena.

Como entre dois rivais o ódio é natural,
Quanta vez finda em briga uma entrevista tal.
Um em mãos de outro vê o que crê merecer,
O outro um frustrado, o qual tudo pode empreender.
E, por mais que a razão os ânimos lhes reja,
Concebe um desconfiança, e no outro vinga a inveja.
E, em cada um, a cismar arcar com uma afronta
Que sofreu, ou que o outro a lhe lançar se apronta,
A tolerância desde o início já se esgota,
Enquanto a suspeição mais viva neles brota.
Imbuem-se assim o esposo e o amante de ira cega,
Que a contragosto, até, a seu ódio os entrega.
No entanto, que quimera estranha considero,
E como trato mal a Polieucto e Severo!
Demais nobreza têm aqueles dois rivais
Para não superar defeitos tão triviais.
Ambos sabem reter da própria alma o domínio,
E não vão rebaixar-se a nível tão mesquinho.
No templo se verão, e como homens de bem;
Ai de mim, muito é já o virem-se, porém!
Que adianta ao meu esposo o berço de que emana,
Se contra ele Severo armar a águia romana,
E meu pai, que aqui manda, e o favorito apreende,
Da escolha de seu genro hoje já se arrepende?
Minha esperança só debilmente vislumbra,
Mal nasce, no temor se some e na penumbra;
O que a deve firmar, mais lhe dissipa o enredo.
Céus, fazei com que enfim se engane esse meu medo!

Cena II

Paulina, Estratonice

PAULINA
Mas que o ouça! Estratonice, então correu propício
O pomposo ritual daquele sacrifício?
No templo os dois rivais se têm visto, encontrado?

ESTRATONICE
Ah! Paulina!

PAULINA
O que há? meu voto foi frustrado?
Vejo em tuas feições que com temor novo arco.
Atrito houve entre os dois?

ESTRATONICE
Polieucto, Nearco,
Os cristãos...

PAULINA
Fala enfim! os cristãos...

ESTRATONICE
Não consigo.

PAULINA
Ah, preparas minha alma a um singular perigo!

Corneille

ESTRATONICE
Não podeis, aí de vós! ter motivo mais justo.

PAULINA
Assassinado foi?

ESTRATONICE
Menor seria o custo.
O vosso sonho todo é real. Polieucto... o agouro...

PAULINA
Morreu!

ESTRATONICE
Não, vive; mas, ah! que supérfluo choro!
Deixou esse brio nobre, essa alma tão divina,
De ser digna da luz, e digna de Paulina.
O esposo encantador e por vós tão amado
É o inimigo comum dos deuses e do Estado
Um pérfido covarde, um malvado, um traidor,
De toda norma e lei infame transgressor,
A todo homem de bem monstro indigno e malsão,
Sacrílego, ímpio, infame: em resumo, um cristão.

PAULINA
Bastava o termo só, sem esse mar de injúrias.

ESTRATONICE
Serão para os cristãos acusações espúrias?

Polieucto

Paulina
Tudo isso é quem se entrega a esse culto inimigo;
Mas ele é meu esposo e tu falas comigo.

Estratonice
Considerai o Deus por quem agora jura.

Paulina
Amei-o por dever, e esse dever perdura.

Estratonice
Motivo justo de ódio estais já a auferir:
Quem nossos deuses trai, vos poderá trair.

Paulina
E, quando me traísse, ainda o amaria;
E, se amor tão leal em ti espanto cria,
Saibas que meu dever não depende do seu:
Falhe a ele se quiser; devo cumprir o meu.
Se amasse alhures, pois, ser-me-ia permitido
Seguir a seu exemplo um ardor proibido?
Por cristão que ele seja, eu não lhe tenho horror;
Amo sua pessoa e odeio seu error.
Mas meu pai surpreendeu-se? que ira testemunha?

Estratonice
Mágoa secreta e fúria intensa o acabrunha.
Todavia, ainda assim um resto de amizade
Demonstra por Polieucto indícios de piedade.
Não quer que da justiça o enquadre ainda o ofício
Antes que de Nearco haja visto o suplício.

PAULINA
Nearco nisso está?

ESTRATONICE
Nearco o seduziu.
De uma velha amizade esse fruto auferiu.
Desse pérfido há pouco a persistência brava
De vosso abraço a custo ao batismo o arrastava.
Era esse o tal mistério, o singular segredo,
De que hoje vosso amor não desvendará o enredo.

PAULINA
E dizias-me eu ser por demais importuna!

ESTRATONICE
Não podia prever tamanha desfortuna.

PAULINA
Não! antes que me entregue a essa mágoa nova,
Devo pôr de meu pranto o poderio à prova:
Como mulher e filha, espero que ainda vai
Persuadir um esposo ou abrandar um pai.
E, se for sobre um e outro a sua força falha,
Só de meu desespero o alvitre então me valha.
Mas descreve o que têm ambos feito no templo.

ESTRATONICE
De uma impiedade tal, jamais se viu o exemplo;
Ao revivê-la, até, um frêmito me abala,
E temo ser um crime, até, o relatá-la.

Em resumo a brutal insolência se note:
Mal houvera o silêncio obtido o sacerdote,
E o aspecto firmado em direção do Oriente,
Desencadearam logo o ataque irreverente.
A cada ato e ocasião da cerimônia pia,
Cada um mais alto que outro apregoava a mania.
E do sagrado teor dos mistérios caçoava,
Cobrindo de desprezo o Deus que se invocava.
Félix se ofende, o povo admira-se e protesta,
E mais cresce dos dois a exaltação funesta.
"Quê? diz Polieucto, a voz erguendo a um alto grau,
Adorais deuses vãos, de mármore e de pau?"
Poupai-me a narração das blasfêmias que a esmo
Vomitaram aí contra Júpiter mesmo,
Em que o adultério e o incesto eram o menor crime.
"Ouvi, clamou depois, todos vós, povo, ouvi-me!
É esse Deus de Polieucto, esse Deus de Nearco,
Supremo rei da terra e do celestial arco.
Único soberano e senhor do destino,
Eterno mandamento e preceito divino.
Das vitórias louvai esse Deus dos cristãos,
A vosso imperador, ele as têm dado em mãos.
Só ele determina o êxito de um combate;
Como o pode elevar, tão facilmente o abate;
Seu poder, sua mercê, sua justiça é imensa;
Quem pune é ele só, só ele recompensa.
Adora monstros vãos vosso infeliz consenso."
Lança-se, ao falar tal, sobre o vinho, ele, e o incenso,
E as urnas santas tendo arremessado ao chão,
Sem temor de Félix, sem temor do trovão,

Vão correndo ao altar com furor sem segundo.
Ó céus! Quando jamais viu coisa igual o mundo!
Do mais possante Deus vemos a estátua erguida,
Por suas ímpias mãos a seus pés abatida,
Os mistérios num caos, o templo profanado,
As fugas e o clamor de um povo amotinado
Que teme que o aniquile a cólera celeste,
Félix... mas ei-lo aqui, que o resto vos ateste.

PAULINA
Seu rosto, quão sombrio é e cheio de emoção!
Como está a demonstrar tristeza e indignação!

Cena III

FÉLIX, PAULINA, ESTRATONICE

FÉLIX
Atrever-se a mostrar tal fúria e despudor!
Em público, ante mim! morrerá o traidor!

PAULINA
Deixai que vossa filha os joelhos vos abrace.

FÉLIX
Falo de Nearco: dele ordenei o trespasse.
Por indigno que for do nome do meu genro,
Conservo ainda a Polieucto um sentimento terno.
Minha ira e mágoa, o horror de seu crime infeliz,
Não apagou o amor com que meu genro o fiz.

Polieucto

Paulina
Ah, foi o que aguardei da bondade paterna.

Félix
Poderia imolá-lo à ira que me governa;
Decerto já sabeis do cúmulo de horror
A que de sua audácia acedeu o furor;
Ter-vos-á posto a par do fato Estratonice.

Paulina
Que ele há de ver de Nearco o suplício, é o que disse.

Félix
De mudar de conduta essa vista há de instruí-lo
Quando verá punir quem o levou àquilo.
Do amigo que o precede a sangrenta visão,
O medo de morrer, da vida a afirmação,
Tudo isso com tal força um coração abala,
Que quem a morte vê, deixa de desejá-la.
O exemplo mais influi que a ameaça, e desse zelo
O caloroso ardor transformar-se-á em gelo,
E de seu coração veremos a inquietude
Implorar meu perdão de tão ímpia atitude.

Paulina
Podereis esperar que volte para trás?

Félix
À custa de Nearco ele há de ser sagaz.

Paulina

Ai dele! deve-o; mas aonde mandais-me a mim?
E que perigo corre o meu esposo, assim,
Se só posso esperar de sua própria inconstância,
O que esperei de um pai e de sua tolerância?

Félix

Demais a demonstrei pela ordem que permite
Que pela contrição a pronta morte evite.
Devia a mesma pena ao mesmo crime, e quando
Um trato diferente a dois réus estou dando
O amor paterno trai a retidão do juiz;
Por ele, criminoso eu mesmo hoje me fiz;
E, em vez de queixas tais, mais agradecimentos
Eu esperei de vós do que ouço aqui lamentos.

Paulina

E que hei de agradecer, quando nada me dão?
Sabeis que rígido é o credo de um cristão.
Na obstinação perdura até o fim neste passo;
Querer que se arrependa é ordenar seu trespasso.

Félix

Seu perdão tem em mãos, só lhe cabe abraçá-lo.

Paulina

De todo concedei-lho.

Félix

Pode arrematá-lo.

Polieucto

PAULINA
Não o entregueis sem mais à seita e seus extremos.

FÉLIX
Às leis do império o entrego, às quais obedecemos.

PAULINA
Destarte é que de um pai há de ampará-lo o braço?

FÉLIX
Que ele faça por si o que por ele eu faço.

PAULINA
Mas está cego.

FÉLIX
Mas satisfaz-se com o sê-lo:
Quem ama seu erro, não quer reconhecê-lo.

PAULINA
Pelos deuses, meu pai…

FÉLIX
A eles não se recorra!
Os deuses cuja causa exige que ele morra!

PAULINA
A nossos votos dão ouvido.

FÉLIX
Então lhos faça.

PAULINA
Podeis lhe conceder do imperador a graça!

FÉLIX
Seu poder tenho em mãos; porém me foi entregue
Para que contra seus inimigos o empregue.

PAULINA
Polieucto é um inimigo?

FÉLIX
Os cristãos são rebéis.

PAULINA
Para ele não ouçais máximas tão cruéis.
Tornou-se vosso sangue ao desposar Paulina.

FÉLIX
Seu erro, não quem é, a questão determina.
Quando um crime de Estado implica o sacrilégio,
O sangue e a afeição perdem seu privilégio.

PAULINA
Que excesso de rigor!

FÉLIX
A seu delito o oponho.

PAULINA
Ó céus! que efeito real de meu horrendo sonho!
Não vedes que perdeis com ele vossa filha?

Polieucto

Félix
Mais são o imperador e os deuses que a família.

Paulina
A perda de ambos nós não vos opõe um freio!

Félix
São os deuses e Décio alvo de meu receio.
Mas nada de tão triste ainda está à vista:
Podeis crer que ele em tal cegueira ainda persista?
Se se precipitou há pouco ao infortúnio,
Foi de um novo cristão o inicial testemunho.

Paulina
Meu pai, essa esperança em falso vos ilude,
Que num dia de fé duas vezes ele mude,
Além de nos cristãos vermos firmeza mais,
Demasiada inconstância é o que dele esperais.
Não é isso um error sugado já com o leite,
Que sem examinar hoje sua alma aceite.
Se Polieucto é cristão, é porque assim o quis,
Ao templo ele levou resoluções viris.
Deve-se presumir dele como do resto:
Não lhes é o trespasso oprobrioso ou funesto;
Glória do menosprezo aos imortais retiram,
São cegos para a terra e só ao céu aspiram;
Crêem que dele lhes abre o seu trespasso a porta,
Na tortura, a esvair-se em sangue, pouco importa,
É-lhes sofrer o que é o prazer para nós,
Já que ali os conduz, e a pena mais atroz,
A morte mais infame, a chamam de martírio.

Félix

Polieucto então terá o que quer seu delírio.
Basta disso.

Paulina

Meu pai...

Cena IV

Félix, Albino, Paulina, Estratonice

Félix

Albino, terminou?

Albino

Sim, senhor, e Nearco o seu delito expiou.

Félix

E de sua vida viu cortar Polieucto os nós?

Albino

Viu-o, mas com inveja e impaciência, ai de nós!
Em vez de recuar, só por segui-lo arte,
E, em vez de se abalar, firma a fé com alarde.

Paulina

Bem que vos preveni. Meu pai, mais uma vez,
Se minha submissão jamais vos satisfez,
Se lhe quiseste bem, e com olhar benigno...

Polieucto

Félix
É amar demais, Paulina, esse marido indigno.

Paulina
De vós o recebi: meu amor é sem crime;
A vossa própria escolha exige que se estime;
E por ele apaguei a mais bela paixão
Que de uma alma de escol merecesse a admissão
Por essa submissão, tão cega quanto pronta.
Em que as leis da nascença eu sempre tive em conta,
Se tudo sobre mim pôde a tutela vossa,
Deixai que eu por meu turno algo sobre vós possa.
Pelo justo poder de que hoje temo a lei.
Por esse extinto amor que vos sacrifiquei,
Deixai-me o vosso dom: tenho-o em ardente apreço,
E, por lhe dar valor, paguei já alto preço.

Félix
Paulina, basta aí, sensível sou ao dó,
Mas quem lhe determina os termos sou eu só.
De vossa dor melhor a força usai, portanto;
Mover-me a pesar meu, perda é de tempo e pranto.
Rejo eu minha piedade, e às pressões não me entrego,
Se querem arrancar-ma, é certo que a renego.
Preparai-vos a ver esse infeliz cristão,
E vosso esforço usai, se o meu provar ser vão.
Ide, e sem irritar mais um pai amoroso,
Dele mesmo tratai de reobter vosso esposo.
Dei ordens por que em breve aqui ante mim venha:
Por ora nos deixai, a fim de que o entretenha.

PAULINA

Por mercê, permiti...

FÉLIX

A sós deixai-nos, digo.
Vossa insistência ofensa é já para comigo.
Por convencer Polieucto usai esforços plenos;
E, mais haveis de obter, se me estorvardes menos.

Cena V

FÉLIX, ALBINO

FÉLIX

E então, como morreu?

ALBINO

Como um bruto execrando,
Desafiando o suplício, a vida desprezando,
Sem remorso e pesar, sem murmúrio e surpresa,
No auge da obstinação e pertinaz rijeza.
Como um cristão, enfim, com blasfêmias na boca.

FÉLIX

E o outro?

ALBINO

O disse já: nada mais já o toca.
Tudo o que viu lhe deu ao ânimo mais realço;
Foi preciso arrancá-lo até do cadafalso.

Ele está na prisão, aonde vi conduzi-lo;
Bem longe ainda estais de poder reduzi-lo.

Félix

Quão infeliz não sou!

Albino

Todos cá vos lamentam.

Félix

Ninguém pode saber que transes me atormentam.
Pensar sobre pensar em minha alma se agrupa,
Com mil inquietações geme e se preocupa;
Sinto que entre o ódio e o amor, o receio e a esperança,
Entre a alegria e a dor, confusa ela balança.
Em sentimentos entro, até inacreditáveis:
Violentos alguns são, outros são lamentáveis,
Dos generosos mais, é alto demais o preço,
E uns baixos tenho, até, com os quais eu me enrubesço.
Amo aquele infeliz que por genro escolhi,
Odeio o cego error que o põe fora de si.
Deploro a sua perda, e por salvá-la ardo,
Mas cabe-me do altar dos deuses o resguardo.
Temo o trovão de Décio, e dos céus temo o fogo;
Meu cargo, a minha vida até, está em jogo.
E destarte, por ele ora me exponho à morte.
E ora, por me salvar, eu selo dele a sorte.

Albino

Décio a um pai perdoará ter concedido a graça;
Tudo aqui, de Polieucto, aliás, venera a raça.

Félix

Castigar os cristãos é o seu mais rijo mando;
Quanto mais alto, mais se torna o exemplo infando.
Já não há distinção sendo público o insulto;
Se um crime familiar se vir destarte oculto,
Que autoridade, pois, que lei aí impera,
Noutro algo castigar que em casa se tolera?

Albino

Se não ousais poupar-lhe esse rigor da lei,
A fim de que resolva, a Décio recorrei.

Félix

Severo perder-me-ia, usasse eu desse meio;
Seu ódio e seu poder são meu maior receio.
Se eu diferir no caso a punição do crime,
Ainda que um nobre brio o espírito lhe anime,
É homem, é altivo, e viu-se desprezado,
E, após tantos desdéns, seu peito revoltado
Que impele ao desespero o himeneu de Paulina,
Haveria de obter de Décio a minha ruína.
Tudo se admite em quem quer vingar uma afronta,
E o mais sensato, até, toma a ocasião em conta.
Talvez, e essa suspeita algo já é aparente,
No coração alguma esperança realente;
Crendo ver de Polieucto o veredicto justo,
Reaviva já o amor que ele baniu a custo.
Como então, vendo em mim de seu furor o alvo,
Perdoar-me-ia o ter um réu culpado salvo
E poupar-me-ia, ao ver, por meu ato gratuito,

Polieucto

Pela segunda vez frustrado o seu intuito?
Dir-te-ei uma impressão, covarde, indigna e crua?
Sufoco-a, volta; odeio-a, e ela em mim se insinua.
A toda hora a ambição me torna a apresentá-la,
E tudo o que de mim consigo é detestá-la.
Polieucto apoio aqui é de minha família,
Mas, se morrer, e esposa o outro a minha filha,
Sustento muito mais possante adquiriria,
E alto, cem vezes mais do que estou, subiria.
A idéia a meu pesar prazer em mim regista;
Mas possa fulminar-me o céu à tua vista
Antes que a um pensar tão indigno eu consinta,
E a que jamais minha honra a ponto tal desminta!

ALBINO

É para isso demais vossa alma nobre e alta;
Mas vos resolvereis a punir essa falta?

FÉLIX

O máximo farei para que não avorte
O auspício de o vencer pelo temor da morte;
E veremos depois o que há de obter Paulina.

ALBINO

E que pensais fazer, se ainda assim se obstina?

FÉLIX

Não me instes: se chegar aquele desprazer,
Terei de decidir, e não sei que escolher.

ALBINO

Devo vos advertir, como fiel servidor,
De que a cidade já se ergue em seu favor.
E não quer ver sujeito a esse rigor das leis
Sua última esperança e o sangue de seus reis.
Nem sua prisão, aliás, garanto na revolta:
Eu tive de deixar a tropa aflita em volta;
Temo que a forcem.

FÉLIX

Bem, tirai-o, pois, de lá;
E, por tê-lo seguro, é bom trazê-lo cá.

ALBINO

Em pessoa o tirai, e com o auspício da graça
Acalmai o furor daquela populaça.

FÉLIX

Vinde e, se persistir em continuar cristão,
Dispor-se-á dele sem que o povo o saiba, então.

QUARTO ATO

Cena I

Polieucto, Cleon, *três outros guardas*

Polieucto

Guardas, por que aqui?

Cleon

Paulina vos quer ver.

Polieucto

Oh luta, oh compaixão, que mais devo temer!
Ah, Félix, na prisão eu triunfei de ti,
Ri-me de tua ameaça e sem temor te vi:
Uma arma mais possante empregas, entretanto,
Não temo algozes teus, mas dela temo o pranto.
Senhor, ah! tu que vês o perigo que corro,
Nesta urgente aflição redobra o teu socorro;
E tu, Nearco amado, emerso da vitória,
Que os meus trabalhos vês dos cimos de tua glória,

Para que eu vença agora um tão forte inimigo,
Do alto do céu estende a mão ao teu amigo.
Guardas, ousareis, vós, prestar-me um bom ofício?
Nada é que me subtraia ao rigor do suplício.
Sabeis que intuito algum tenho de uma evasão,
Mas, para me guardar, três de vós bastarão.
Procure o outro Severo e peça que aqui venha:
Não creio que por risco alguém aquilo tenha.
Se eu puder transmitir-lhe, ora, um segredo urgente,
Viverá mais feliz, e morrerei contente.

Cleon
Correndo vou-lhe dar de vosso ofício parte.

Polieucto
Severo, em minha falta, há de recompensar-te.
Vai indo, o tempo é escasso, e eis por que assim te apresso.

Cleon
Num momento, senhor, estarei de regresso.

Cena II

Polieucto
(os guardas se retiram nos cantos do palco)
Manancial delicioso, em misérias fecundo,
Volúpias do prazer, quereis impor-me a lei?
Vós, oprobriosos nós da matéria e do mundo,
Por que não me largais, quando eu já vos larguei?
Ide, honras, gozos, bens, que estais comigo em guerra:

> Toda a vossa felicidade,
> Fundada na instabilidade,
> Cai em menos de um ai por terras;
> Como o brilho do vidro encerra,
> Dele tem a fragilidade.

Não julgueis que por vós eu possa suspirar;
Debalde desfraldais encantos impotentes;
Debalde neste império estais a me mostrar
Inimigos do céu, na pompa florescentes.
Por sua vez institui reveses implacáveis

> Em confusão os grandes prende,
> E os flâmeos gládios que suspende
> Sobre os mais ricos miseráveis,
> Tanto mais são inevitáveis,
> Quanto mais seu golpe surpreende.

Tigre ávido de sangue, ouve, Décio assassino,
Deus demais tempo já deixou-te os seus em mãos;
Verás o horrendo fim de teu feliz destino:
O cita vingará a Pérsia e os cristãos.
Alguns desmandos mais, e tua hora chegará.

> Não te subtrais a esse momento,
> E do raio o fatal portento,
> Pronto a varar a nuvem já,
> Por nada já se deterá
> À espera do arrependimento.

Que entretanto Félix me imole à tua ira;
Deslumbre-lhe um rival mais poderoso o olhar;
Que a seguir minha morte ele por genro o adquira,
E como escravo timbre aqui em governar:
Consinto eu, ou melhor, aspiro à minha ruína.

> Nada já me dás, mundo vão:
> Meu peito de todo cristão
> Em si nutre a chama divina,
> E só considero Paulina
> Óbice à minha salvação.

Sagrados dons do céu, ideais amados, santos,
Uma alma preencheis, à vossa luz aberta.
Aos corações que imbuem vossos sumos encantos,
Jamais algo o esplendor transcende dessa oferta.
Prometeis muito, e é mais, bem mais o que estais dando:

> De bens vossos o dom perdura,
> E o fim feliz que se me augura,
> Tão-somente é o caminho brando,
> Pelo qual à partilha ando,
> Que nos dá a eterna ventura.

Nada de vossa chama há de obstruir o fulgor;
Fareis com que Paulina enfrente sem temor.
Vejo-a sim! mas meu ser, no ardor do zelo santo,
Já não está sujeito a seu antigo encanto;
E meu olhar que espelha uma celeste luz,
No seu já não encontra o poder que seduz.

Cena III

POLIEUCTO, PAULINA, *guardas*

POLIEUCTO

Que objetivo vos traz, senhora, a este lugar?
Vindes por combater-me, ou por me secundar?

Polieucto

Vosso perfeito amor, que esse esforço denota,
Em meu auxílio vem, ou quer minha derrota?
Estais trazendo o ódio, ou trazeis a amizade,
Como inimiga minha, ou dileta metade?

Paulina

Vosso inimigo aqui sois vós, e mais ninguém:
Só vós odiais-vos, quando amor tudo vos tem;
De tudo o que eu sonhei, cumpris sozinho o alvo:
Deixai de vos destruir, e tão logo estais salvo.
Ainda que vosso crime haja sido de vulto,
Sela vossa inocência o vosso próprio indulto.
Dignai-vos recordar vossas fontes preclaras,
Vossas grandes ações e qualidades raras:
Fruis da província inteira a admiração e o amor,
Amigo e genro sois de seu governador.
Meu título de esposa, esse não entra em conta:
Ventura me é, não é já para vós de monta.
Mas de vossa bravura os feitos, berço, aliança,
Vosso nome e poder, vede quanta esperança,
E não deixeis que às mãos de um verdugo soçobre
O que nos augurou sorte tão bela e nobre.

Polieucto

Eu considero mais; conheço essas vantagens,
E auspícios com que imbuem altivas personagens:
Só fazem com que a bens efêmeros se entreguem,
Com mil preocupações e perigos que os seguem
A morte os rouba, ilude-os a fortuna vã,
Hoje ainda sobre um trono, e no lodo amanhã.

Quanto alto mais o teor, mais descontentes faz;
Que César vosso os fruiu um tempo longo, e em paz?
Ambiciono eu transpor mais nobre e alto portal.
Perece aquela glória, eu a quero imortal,
Ventura sem medida e fim na aura serena,
Que acima está de toda inveja e arma terrena.
Demais caro é pagá-la com tão triste vida,
Que nos pode ao sabor de um ai ser subtraída?
Que o gozo só nos dá de um fugitivo instante,
E no que o seguirá, bem algum nos garante?

PAULINA
São de vossos cristãos as ridículas miras;
Que encanto sobre vós exercem tais mentiras?
Vosso sangue achais pouco, em que o êxtase compense,
Mas, para dispor dele, acaso vos pertence?
A vida não nos dão como uma herança rica:
O dia que a outorgou, direitos reivindica.
Ao príncipe a deveis, ao público, ao Estado.

POLIEUCTO
Por eles, num combate, eu a teria dado;
Conheço essa ventura, e qual é sua glória,
Dos avoengos de Décio alça-se ainda a memória;
E esse nome, precioso ainda a vossos romanos,
Lhe põe o império em mãos após seiscentos anos.
Sim, devo a vida ao povo, ao príncipe, à coroa,
Mas devo-a muito mais ao Deus do céu que a doa.
Se morrer por seu rei é uma ilustre sorte,
Quando por Deus se morre, o que será tal morte!

POLIEUCTO

PAULINA

Que Deus?

POLIEUCTO

Alto, Paulina; Ele ouve o que falais;
Não é Ele o que são vossos deuses triviais,
Objeto surdo, inerme, inerte, mutilado,
De mármore, ouro ou pau, a vosso bel agrado;
É o Deus dos cristãos, é o vosso, é o meu;
Jamais o céu, a terra, um outro conheceu.

PAULINA

N'alma então adorai-o, e ocultai a opinião.

POLIEUCTO

Que eu seja ao mesmo tempo idólatra e cristão!

PAULINA

Fingi somente até que Severo, ora, embarque,
E deixai que meu pai seus favores vos marque.

POLIEUCTO

Mas amo muito mais de meu Deus os favores:
A salvo ele me põe de riscos e de errores;
A que eu jamais recue opondo esta barreira,
Coroa-me sua mercê no início da carreira.
Na primeira tormenta ao porto já me guia
E, ao sair do batismo, à morte ele me envia.
Pudésseis compreender o pouco que é a vida
E de quanta doçura essa morte é seguida!

Mas que adianta falar dessa riqueza infinda
A espíritos que Deus não quis tocar ainda?

PAULINA
Cruel, mostrar-te-ei, pois, a dor que me arrebata,
E justas repreensões prostrem tua alma ingrata.
É esse um tão belo fogo? Ei-las, tuas promessas?
Para mim o menor sentimento professas?
Eu não te quis falar do estado deplorável
Em que tua morte deixa a esposa inconsolável
Cri que o amor falaria aí em meu favor,
E não te quis à força um sentimento impor.
Mas esse amor tão firme, amor que eu mereci,
Que me juraste, e que eu votei de todo a ti,
Quando por teu trespasso a própria morte aufiro,
Pode ele te arrancar u'a lágrima, um suspiro?
Deixas-me, ingrato, a sós, e com alegria o fazes,
Queres que a veja, até, com minha dor te aprazes,
E teu peito, a meu triste encanto indiferente,
A uma dita se atém da qual serei ausente!
Traz então o himeneu essa espécie de enfado?
Odiosa me tornei depois de me ter dado?

POLIEUCTO
Ai, mísero!

PAULINA
A que custo um lamento emitis!
Fosse ao menos sinal de contrição feliz!
Ainda que tão forçado, encher-me-ia de encanto.
Mas comove-se enfim, vejo correr seu pranto!

POLIEUCTO

POLIEUCTO
Corre, e prouvesse a Deus que o pranto assim vertido
Tocasse um coração demais empedernido!
Partir e vos deixar em tão infausta rota,
Digno dos prantos é que meu amor vos vota.
Se no céu se sentir de alguma mágoa o cunho,
Lá por vós chorarei vosso grande infortúnio;
Mas, se no resplandor daquele âmbito augusto,
Dignar-se ouvir-me a prece um Deus tão bom e justo,
Se a este amor conjugal sua mercê fizer jus,
Sobre vossa cegueira há de verter a luz,
Senhor! deve de vós obtê-la meu afã!
Demais virtuosa é para não ser cristã.
Imbuístes-na demais de mérito e valor
Para que vos ignore e não vos tenha amor,
Para viver do inferno infortunada escrava,
E nas trevas morrer em que ao nascer estava.

PAULINA
Que dizes, desgraçado, este é desejo teu?

POLIEUCTO
Que eu quisera adquirir com todo o sangue meu.

PAULINA
Que antes...

POLIEUCTO
Criar defesa aí é esforço vão:
Sem que o esteja a esperar, Deus toca um coração.

Ainda não chegou essa hora bem fadada;
Virá, mas a ocasião de mim inda é ignorada.

PAULINA
Deixai essa quimera, e amai-me.

POLIEUCTO
Amo-vos, sim,
Muito menos que a Deus, mas muito mais que a mim.

PAULINA
Em nome desse amor, não lhe corteis os laços.

POLIEUCTO
Em nome desse amor, acompanhai meus passos.

PAULINA
Pouco é deixar-me, então? Queres me seduzir?

POLIEUCTO
Pouco é ir ao céu: ali vos quero conduzir.

PAULINA
Vãs alucinações!

POLIEUCTO
Infinitas verdades!

PAULINA
Cegueira infortunada!

POLIEUCTO

POLIEUCTO
Eternas claridades!

PAULINA
Preferes o trespasso ao amor de Paulina!

POLIEUCTO
Preferis este mundo à bondade divina!

PAULINA
Vai, cruel, morre: amor por mim jamais tiveste.

POLIEUCTO
Vivei feliz no mundo, escolho a paz celeste.

PAULINA
Não te preocupes mais; deixo-te àquela paz;
Eu vou...

Cena IV

POLIEUCTO, PAULINA, SEVERO, FABIANO, *guardas*

PAULINA
Mas que objetivo a este lugar vos traz,
Severo, há de se crer que tão honroso brio
A um infeliz aqui traria o desafio?

POLIEUCTO
Paulina, tratais mal um mérito sem-par:

A meu pedido vem Severo a este lugar.
Uma incivilidade eu vos fiz, mas requeiro,
Senhor, que ma perdoeis, dado meu cativeiro.
Tendo um tesouro em mãos de que eu não era digno,
Antes de minha morte, em vossas o resigno.
Dai vênia a que confie a virtude mais rara
Que a uma mulher jamais o céu já outorgara,
Ao homem que a maior nobreza e valor soma
Que a terra já adorou e que tem visto Roma.
Ela é digna de vós, e digno dela sois;
Não a negueis da mão de seu esposo, pois;
Se ele vos desuniu, unir-vos-á sua morte.
Ressurja o belo amor de antanho ainda mais forte.
Voltai-lhe o coração, sua fé recebei,
Vivei felizes sempre, e enfim, como eu, morrei;
Esse bem de ambos vós é de Polieucto o empenho.
Levem-me à morte, nada a acrescentar já tenho.
Guardas, eu terminei.

Cena V

SEVERO, PAULINA, FABIANO

SEVERO

Por demais isso é estranho!
Vendo cegueira tal, por ele até me acanho;
Com sua resolução fico tão surpreendido,
Tão única é que mal me fio no meu ouvido.
Um homem que vos tem amor (mas haveria

Um coração que, ao ver-vos, não vô-lo teria?)
Por vós amado, assim que à vossa posse acede,
Deixa-vos sem pesar; faz mais, ele vos cede!
Como se vosso amor lhe fosse um dom fatal,
De presente ele mesmo o dá a seu rival!
Ou têm esses cristãos manias esquisitas,
Ou devem auferir venturas infinitas,
Já que, para as granjear, ousam desconhecer
O que ao preço do império outro quisera obter.
Tivessem-me antes sido os fados já propícios,
E houvesse vossa aliança honrado meus ofícios,
De vossos olhos, só, adoraria as leis,
Faria deles, só, meus ídolos, meus reis,
Ter-me-iam reduzido a cinzas, a vil poeira
Antes que...

PAULINA

Basta, é mais do que entender já queira;
Que esse calor, de um fogo antigo ecoando a voz,
Não leve a uma seqüência indigna de ambos nós.
Severo, conhecei Paulina toda inteira.
De meu Polieucto raia a hora derradeira;
Por cessar de viver só lhe resta um momento;
Daquilo a causa sois, ainda que sem intento.
De vossa alma eu não sei, em que algum voto faça,
Se uma esperança ousou formar de sua desgraça;
Mas crede não poder haver cruéis trespassos
A que serenamente eu não leve meus passos,
Que minha alma do inferno o pavor todo atura,
Antes de que macule uma glória tão pura

E que um homem despose, após sua triste sorte,
Que houver, de alguma forma influído em sua morte;
Pudésseis crer que em mim alma tão mal sã vive,
Transformar-se-ia em ódio o amor que por vós tive.
Sois generoso: até o fim fazei por sê-lo,
Pois conceder-vos tudo é de meu pai o zelo.
Ele vos teme, e o mais uma palavra explica:
Se imola meu esposo, é a vós que o sacrifica:
Lutai por ele, pois, salvai esse infeliz;
Usai em seu favor o poder que usufruís.
Não ignoro que é muito o que aí estou pedindo,
Mas de um esforço tal, o mérito é infindo.
Conservar um rival que a alma vos fere e enciúma,
Outra não haverá que tal grandeza assuma.
Mas, se aí não bastar toda a vossa nomeada,
Valha-vos que a mulher outrora tão amada,
Que ainda talvez vos toca o coração preclaro,
Deva a vossa grandeza o que tem de mais caro.
Recordai-vos, enfim, de que Severo sois.
Adeus, o que fareis, a sós resolvei, pois.
E, se não fordes tal como ouso eu esperá-lo,
Para ainda vos louvar, farei por ignorá-lo.

Cena VI

SEVERO, FABIANO

SEVERO

Fabiano, o que é? que golpe ainda cai sem dó
Sobre minha ventura, e ma reduz a pó?

Tendo-a ao alcance, já, mais longe está que antanho;
Tudo vejo perdido, ao crê-la enfim ter ganho;
E a fortuna a mostrar-me sempre a adversa face,
Minha esperança corta assim que ela renasce:
Antes de oferecer-me, arco com uma recusa,
Minha alma sempre triste, ofendida e confusa
Vê que ousou ressurgir em mim, covardemente,
E que, covarde mais, se tornou aparente,
E, enfim que uma mulher, na ânsia e calamidade,
Chega a me dar lições de generosidade.
É vossa alma tão bela o quanto é desditosa;
Mas é tão inumana o quanto é generosa,
Paulina, e com demais rigor vossa aflição
De um amante infeliz lacera o coração.
Pouco é perder-vos, devo eu dar-vos em oferta,
Servir, eu, um rival, quando ele vos deserta,
Num nobre e cruel esforço empenhar meu suporte,
E a ele vos restituir, arrancando-o, eu, à morte.

Fabiano
Deixai a seu destino essa ingrata família;
Que, se o quiser, o pai se entenda com a filha,
Polieucto com Félix, a esposa com o esposo:
De um sobre-humano esforço esperais algum gozo?

Severo
A glória de mostrar àquela alma tão bela,
Que Severo a iguala, e que ele é digno dela;
Que ela me era devida, e do céu quanto é omissa,
Teimando em recusar-ma, a ordem e a justiça.

Fabiano

Por mais que na eqüidade o céu se mostre omisso,
O perigo acatai, que segue um tal serviço.
Muito arriscais, Senhor, não o olvideis, então.
Como, empenhar-vos-eis por salvar um cristão!
Não podeis ignorar o ódio com que rejeita
Décio, agora e de sempre, aquela adversa seita.
Contra ele é um crime tão enorme e capital,
Que à vossa estrela, até, poderá ser fatal.

Severo

Se alma comum com tal pensar se coaduna,
E, se em mãos Décio tem minha vida e fortuna,
Ainda sou Severo, e todo o seu poder
Em nada há de infringir minha honra e meu dever.
Quero satisfazer ao que sua voz me obriga;
Que a sorte após se mostre ou propícia ou inimiga,
Como é sempre inconstante o seu capricho e preço,
Perecerei feliz, se com glória pereço.
Em confidência vou dizer-te mais: a crença
Desses cristãos não é aquilo que se pensa;
Odiados são; desse ódio eu não sei a razão,
E Décio injusto vejo, é só nesta questão.
Já por curiosidade eu conhecê-los quis:
São bruxos, diz-se: o inferno é o seu mestre e seu juiz:
Punimos nós de morte e tormentos extremos,
Mistérios cujo senso oculto não sabemos;
Mas Céres-Eleusina, e a Boa-Deusa também,
Seus segredos rituais na Grécia e em Roma têm.
Não há, em todo o império, área que não comporte,

Polieucto

Excetuando o seu Deus, deuses de toda sorte:
De cem monstros do Egito o culto é em Roma aceito,
Deuses, a bel-prazer, temos nós de homens feito,
E os sucessores seus perpetuando os errores,
Vemos lotando os céus nossos imperadores;
Mas, às claras julgando aquelas apoteoses,
Ambíguo o efeito é de tais metamorfoses.
Têm os cristãos um Deus; senhor é, absoluto;
Reinar sobre o universo é só dele o atributo.
Mas, se te ouso entre nós dizer meu juízo em tal,
Os nossos, quanta vez, entre si se dão mal.
E, ainda que me arrase a sua ira, demais
Deuses possuímos nós, para que sejam reais.
Enfim, são dos cristãos os usos inocentes,
O vício odeiam, têm virtudes florescentes;
Fazem votos por nós que sempre os perseguimos,
E atormentados já faz tanto tempo os vimos
Jamais rebéis? alguém os viu amotinados?
Os príncipes terão tido mais leais soldados?
Se são na guerra leões, os nossos carcereiros
Aceitam e, sem mais, morrem como cordeiros.
Defenda-os, já que assim minha alma os compadece;
Com Félix vamos ter; por seu genro eu comece;
E satisfaça assim, por uma mesma ação,
Paulina, minha glória, e minha compaixão.

QUINTO ATO

Cena I

Félix, Albino, Cleon

Félix
Pudeste, Albino, ver quão pérfido é Severo?
Pudeste ver seu ódio, e vês meu desespero?

Albino
Nada vi a não ser um rival generoso.
E em vós só vejo um pai por demais rigoroso.

Félix
Teu juízo em confundir o aspecto e a alma se engenha;
Ele odeia Félix e Paulina desdenha;
Se outrora a amou, agora esse amor leva a mal:
Tem por indignos dele os restos de um rival.
Por ele meu favor requer, e até me ameaça:
Diz-me destruir, se eu não lhe conceder a graça;
De generoso faz-se, e crê me apavorar:

Mas fácil é um ardil tão cru desmascarar:
De quem lida na Corte, eu sei a fundo a prática.
Melhor que ele conheço a costumeira tática.
É em vão que ele braveja e afeta esse furor:
Vejo sua pretensão junto ao imperador.
Do que me exige aqui, faria lá um crime,
Protege seu rival, para que me vitime;
E, se lidasse aqui com um desprevenido,
Na intriga cairia, e ver-se-ia perdido.
Um velho cortesão já menos crédulo é.
Sabe ver a armadilha e onde reina a má-fé;
E tantos casos vi, e de tantas feições,
Que poderia em tal lhe dar umas lições.

ALBINO
Que incômodo de tal desconfiança ressalta!

FÉLIX
Da política, entanto, esta é a ciência mais alta.
Se do ódio um homem tem um motivo qualquer,
Devemos presumir que ele atraiçoar-nos quer;
Sua amizade toda há de nos ser suspeita,
Se não abandonar Polieucto aquela seita,
Tanto faz se de outro alvo o seu mentor cogita,
Cumprirei altamente a ordem que me é prescrita.

ALBINO
Mercê de vós, Paulina a obtenha neste dia!

FÉLIX
Crês que a do imperador a minha seguiria?

Bem longe de o tirar desse fatal perigo,
Havia de levar-me à perdição consigo.

ALBINO

Severo prometeu...

FÉLIX

Albino, ora, conhece-o!
Sei melhor que ele, aliás, qual é o ódio de Décio.
Se em favor dos cristãos lhe ateasse o furor tosco,
Haveria ele até de perder-se conosco.
Mas algo tento ainda a fim de que em si caia;
Trazei Polieucto aqui, mas se eu mandar que saia,
Se ele a esse último esforço opor sua recusa,
Quando sair, que a guarda ao suplício o conduza.

ALBINO

Dessa ordem, que rigor!

FÉLIX

Segui-la, ora é mister
Para em tempo impedir um distúrbio qualquer,
O povo, a se agitar, quer tomar seu partido;
Tu mesmo disso me hás ainda há pouco advertido.
Demais por ele se inflama aquele zelo,
E não sei quanto tempo eu poderei contê-lo.
Talvez desde amanhã, esta noite, esta tarde,
De algum funesto efeito eu já não me resguarde;
E Severo, correndo à vingança, o alarme
Deturparia, a fim de melhor caluniar-me.
Se o golpe não aparo, há de me ser fatal.

Albino
Mas tanta previsão, como é estranho mal!
Tudo vos fere, trai, é tudo alarme novo;
Refleti que sua morte inflamará o povo.
Desesperá-lo assim não será o que o cure.

Félix
Depois de ele morrer, se quiser, que murmure.
Em vão será, e havendo alguma violência,
Em dois dias será dominada a insolência.
Cumprido o meu dever, não ligo a algum abalo.
Mas Polieucto aí vem: tentemos, pois, salvá-lo.
Retire-se esta guarda, e que vigie a porta.

Cena II

Félix, Polieucto, Albino

Félix
Tão forte ódio da vida é o que tua alma comporta,
Desgraçado Polieucto, e dos cristãos o Deus
Impõe-te a obrigação de abandonar os teus?

Polieucto
A vida não odeio, e amo seu uso e emprego,
Mas sem por ela ter da escravidão o apego,
Pronto e rendê-la a Deus que ma tem dado em mãos:
Minha razão o ordena, e essa é a lei dos cristãos;
Destarte é que viver devemos, com alma firme;
Se tendes brio assaz para poder seguir-me.

Polieucto

Félix
Seguir-te àquele abismo em que te vais lançar?

Polieucto
Antes àquela glória a que me quero alar.

Félix
Dá-me algum tempo, então, por conhecer-lhe a via:
Por me fazer cristão, serve-me tu de guia.
Não menosprezes, já, instruir-me em tua fé,
Ou de mim a teu Deus responderás, até.

Polieucto
Félix, não gracejeis, já de ser vosso juiz;
Diante dele nenhum privilégio usufruís:
Reis e pastores são iguais perante Deus,
Sobre vós vingará todo o sangue dos seus.

Félix
Não vou vertê-lo mais: valha-te a expectativa;
No credo dos cristãos, deixarei que se viva.
Serei seu protetor.

Polieucto
Não! matai, persegui,
Sede o instrumento, vós, de nossa dita aqui:
Um cristão verdadeiro a vê nos sofrimentos,
E são-lhe recompensa os mais cruéis tormentos.
Deus, que rende o cêntuplo a nossas boas ações,
Por cúmulo nos dá ainda as perseguições.

Mas não podem por vós esses bens ser aceitos!
Deus os dá a entender somente a seus eleitos.

FÉLIX
Falo-te sem disfarce, eu quero ser cristão.

POLIEUCTO
Por que então protelar um bem tão grande e são?

FÉLIX
A presença importuna...

POLIEUCTO
E de quem? de Severo?

FÉLIX
Não fui, por causa dele, em meu furor sincero.
Uma hora dissimula, até ele afastar-se.

POLIEUCTO
Félix, é assim, então, que falais sem disfarce?
À vossa grei pagã, aos ídolos, levai
O veneno de mel que dos lábios vos cai.
Um cristão nada teme e oculta: na aflição,
Ante o universo todo, ele é sempre cristão.

FÉLIX
De tua fé o zelo é algo que te seduz,
Se preferes morrer a me levar à luz.

Polieucto

Polieucto
Do que eu dissesse aqui, esvair-se-ia o som:
A razão não a outorga, ela é do céu um dom.
Vou encontrar meu Deus, lá, face a face, em breve,
Possa meu rogo obter que Ele a essa luz vos leve.

Félix
Tua perda, entretanto, é o que me desespera.

Polieucto
De uma compensação dispondes que a supera.
Privando-vos de um genro, um outro já vos dão
Que responde melhor à vossa condição.
É apenas uma troca e mais vos avantaja.

Félix
Pára com esse discurso, o seu teor me ultraja.
Minha bondade tem passado dos limites;
Ainda a deixei crescer, por mais que assim a irrites,
Mas por demais odioso hás de tornar-te enfim;
Vingar-me-ia, ao vingar nossos deuses, assim.

Polieucto
Quão rápido mudais de humor e de linguagem!
Por vossos deuses, pois, voltou vossa coragem?
A de serdes cristão some, e o acaso, a firmar-se,
Eu vos pude obrigar a falar sem disfarce?

Félix
Vai, não presumas, não, pelo que eu jure e diga,

Que de tua nova tese eu a impostura siga.
Agradei-te a mania, a fim de te arrancar
Ao vergonhoso abismo em que vais tropeçar;
Quis ganhar tempo a fim de poupar tua vida,
Do adulador de Décio aguardando a partida;
Mas faz injúria, já, aos deuses tal consenso,
Escolhe! hás de lhes dar ou teu sangue, ou incenso.

POLIEUCTO

Minha escolha é uma só. Mas avisto Paulina,
Ó céu!

Cena III

FÉLIX, POLIEUCTO, PAULINA, ALBINO

PAULINA

Quem, de ambos vós, agora me assassina?
Conjunto sois? cada um na lida se reveza?
Não posso eu abrandar o amor ou a natureza?
Nada já obterei de um esposo, ou de um pai?

FÉLIX

Com vosso esposo argüi.

POLIEUCTO

Severo desposai.

PAULINA

Mata-me, tigre que és, sem me ultrajar, ao menos!

Polieucto

Polieucto
Quer meu amor vos dar auspícios mais amenos.
Vê com dó o penar de que sofreis o assédio,
E que dele será só outro amor remédio.
Ateara a vossa chama um mérito sem-par:
Faz sua presença jus ainda a vos encantar.
Ele ama ainda quem o amou, e sua nomeada...

Paulina
Que te diz eu, cruel, por ser assim tratada?
Censuras, desprezando a fé que te votei,
O amor de que tão-só em teu prol triunfei?
Para venceres tu tão forte opoente enfim,
Vê quanto esforço fiz contra ele e sobre mim.
Que combates travei por dar-te um coração
De que outro já fruía a justa possessão.
Mas, se essa ingratidão tudo em ti não domina,
Sobre ti faze força e retorna a Paulina,
Forçar teu sentimento aprender dela queiras;
Guie-te sua virtude, hoje, em tuas cegueiras;
Que de ti mesmo obtenha ela tua vida, e aceita
Que viva para sempre à tua lei sujeita.
Mas, se tão justo anelo o teu rigor refuta,
Seu pranto ao menos vê, seus suspiros escuta,
Não desesperes mais uma alma que te adora.

Polieucto
Já vô-lo disse, e ainda o digo nesta hora:
Vivei, é com Severo, ou morrei, é comigo.
Vossa fé não desprezo e à vossa mágoa ligo,

De meu amor por vós, contudo, a força é vã;
Não vos conheço mais, se não fordes cristã.
Basta. Félix, tornai à vossa fúria ingente,
Vossos deuses e vós vingai num insolente.

PAULINA

Ah, meu pai, dele o crime é quase que imperdoável;
Mas ele é insensato, enquanto sois razoável.
Demais forte é o poder dos laços naturais,
Imprimem-se no sangue, e não se esvaem jamais:
Um pai é sempre pai, e é sobre esta fiança
Que eu ouso ainda basear um resto de esperança.
Dai de um olhar paterno a vossa filha o amparo:
Seguir-se-á minha morte à de um traidor tão caro;
E os céus verão na dele algo que a ilegitime,
Já que confundirá a inocência com o crime
E que transformará, num redobrado horror,
A justa punição num injusto rigor.
Atastes desta união os nós inseparáveis,
Felizes juntos, só, somos, ou miseráveis.
E seríeis cruel a um ponto desmedido,
Se desunísseis vós o que tendes unido.
Um coração ligado a outro não se retira;
Separá-lo é parti-lo, e de pesar expira.
Mas à minha aflição sensível vos mostrais,
E com paterno olhar meus prantos contemplais.

FÉLIX

Sim, filha, é verdadeiro, um pai é sempre pai;
A esse teor sagrado a alma jamais subtrai:

Polieucto

Reabriste de meu peito o sentimento humano;
Contigo me uno a fim de salvar esse insano.
Desgraçado Polieucto, és tu, só, insensível?
Só tu queres tornar teu crime irremessível?
A tanto pranto e dor teu olhar fica alheio?
Podes ver tanto amor sem que te toque o seio?
Não reconheces já nem sogro, nem mulher?
Sem amizade a um, se a ela, amor sequer?
Para reatar de genro e esposo os ternos nós,
Devemos-te abraçar os joelhos ambos nós?

Polieucto

Como tanto artifício é isento de graça!
Após duas vezes, já, ter recorrido à ameaça,
Após me terdes dado a ver de Nearco a morte,
Após haver tentado o amor e seu transporte,
Depois de me mostrar a sede do batismo,
Opondo ao Deus cristão o próprio cristianismo,
Ambos uni-vos. Ah! do inferno astúcias mil!
Antes de triunfar, vencer mais esse ardil!
Mas da resolução é frouxa a vossa linha:
Tomai a vossa, enfim, já que tomei a minha.
Adoro eu um deus só, do universo amo eterno,
Sob ele treme o céu, e tremem terra e inferno,
Um deus que pelo amor infindo que nos tinha,
Por nós, quis sobre a cruz morrer com ignomínia,
E que por nos salvar, em seu amor ardente
Como hóstia ainda quer ser oferto diariamente.
Mas é mal falar dele a quem se faz de surdo.
Ousais, vós, defender um error cego e absurdo:

Deuses que maculais dos mais negros horrores;
Os males que punis, têm nos céus seus mentores.
Roubo e prostituição, o assassinato, o incesto,
O adultério, a traição, tudo o que há de funesto,
Eis o exemplo que dão tais deuses tutelares.
Eu profanei seu templo, eu destruí seus altares;
Havia de fazê-lo uma outra vez, devesse-o,
À vista de Félix, a do enviado de Décio,
À do senado, até, até a do Imperador.

FÉLIX

Cede a minha bondade enfim a meu furor:
Louva-os, ou morre!

POLIEUCTO

Eu sou cristão.

FÉLIX

Ímpio, alma infida?
Adora-os, digo-te eu, ou renuncia à vida.

POLIEUCTO

Eu sou cristão.

FÉLIX

É o que és? Ó espírito obstinado!
Soldados, cumpri, pois, a ordem que tenho dado.

PAULINA

Para onde o estais levando?

POLIEUCTO

FÉLIX
À morte.

POLIEUCTO
À minha glória.
Cara Paulina, adeus: amai minha memória.

PAULINA
Sigo-te aonde for, e morrerei se morres.

POLIEUCTO
Meus passos não sigais, ou deixai-vos de errores.

FÉLIX
Retirai-o daqui, e que à ordem se obedeça:
Já que quer perecer, consinto que pereça.

Cena IV

FÉLIX, ALBINO

FÉLIX
Fiz força sobre mim, mas é o que devia:
Minha bondade inata, Albino, me perdia.
Ainda que a ira do povo ora em motins culmine,
Que de Severo a fúria esbraveje e fulmine,
Vencendo a hesitação, meu estado asseguro.
Mas não te surpreendeu um ânimo tão duro?
Já viste corações assim impenetráveis,

E impiedades, jamais, a tal ponto execráveis?
Ao menos satisfiz de meu pendor o zelo:
De nada descuidei a fim de amolecê-lo;
Cheguei até a fingir covardias extremas;
E sem o horror final de imprecações blasfemas
Cuja fúria e terror me venceram enfim,
Muito difícil fora eu triunfar de mim.

ALBINO

Talvez ainda a vitória um dia maldigais,
Há nela eu não sei quê de ação negra demais.
É indigno de Félix, indigno de um romano,
Verter o próprio sangue um braço desumano.

FÉLIX

É assim que Mânlio e Bruto outrora o têm vertido,
E seu renome foi por tal fortalecido;
Fosse, de heróis de Roma, o velho sangue incerto,
Teriam, por destruí-lo, o próprio flanco aberto.

ALBINO

Seduz-vos a ira, mas, malgrado o que imagina,
Quando a sentirdes já esfriada, e de Paulina
Vereis o desespero, e que seu pranto e gritos
Vos enternecerão os ânimos aflitos...

FÉLIX

Estás a me lembrar que seguiu o traidor,
E dando ao povo a ver seu desespero e dor;

O efeito poderá turbar de meu comando:
Vai, tudo em ordem põe, vê como está passando;
Impede que sua dor lá crie algum obstáculo,
E, podendo-o, subtrai-a a este triste espetáculo;
Vê se a consolas. Vai, há algo que te impeça?

Albino
Já não há precisão, senhor, ela regressa.

Cena V

Félix, Paulina, Albino

Paulina
Pai bárbaro, arremata, arremata a tua obra:
Esta segunda hóstia ainda tua fúria cobra;
Une tua filha ao genro, agora! ousa-o, de vez!
Crime igual, ou igual virtude nela vês.
Com causa igual, tu mesmo à barbárie te induzes.
Meu esposo, ao morrer, deixou-me suas luzes,
Seu sangue, de que me hão seus carrascos coberto,
Meus olhos desvendando, enfim os tem aberto.
Eu vejo, eu sei, eu creio, estou desabusada,
Desse sangue feliz vês-me ora batizada;
Sou cristã afinal, não é dizer-te assaz?
Perdendo-me, teu cargo e bens conservarás;
Teme Severo, Décio, e quem for o adversário:
Se te queres salvar, meu fim é necessário;
Polieucto me chamou para seguir-lhe os passos,

Nearco e ele vejo a me estender os braços.
Leva, leva-me a ver teus deuses que detesto:
Quebraram um somente, eu vou quebrar o resto.
Tudo desafiarei de que pavor sentis,
O impotente trovão que suas mãos atribuís,
A santamente às leis da nascença rebel,
Por uma vez serei no obedecer-te infiel.
Vê, não é minha dor que a este êxtase se abraça,
Não é do desespero a voz, é a voz da graça.
Félix, ainda uma vez te digo! eu sou cristã!
Por minha morte vingue o meu e o teu afã.
Preciosos bens para um e o outro golpe encerra,
Já que me eleva aos céus, e te assegura em terra.

Cena VI

FÉLIX, SEVERO, PAULINA, ALBINO, FABIANO

SEVERO

Desnaturado pai, político inditoso
Escravo de um temor quimérico e ambicioso,
Polieucto então morreu! e por tais crueldades
É que julgais firmar vossas vãs dignidades!
Seu perdão que ofertei, garantido por mim,
Ao invés de salvá-lo, ainda apressou seu fim!
Implorei, ameacei, mas não vos comovestes;
Pérfido ou sem poder suficiente me crestes!
Pois bem, por vosso mal, de Severo heis de ver
Que ele se gaba só do que pode fazer,

POLIEUCTO

E por vossa ruína é que o haveis de avaliar:
Quem vos pode perder, vos pudera amparar.
Aos deuses continuai esse fiel serviço;
E, por horrores tais, mostrai-vos mais submisso
Adeus; mas ao cair sobre vós a trovoada;
Não duvideis por quem se vir desencadeada.

FÉLIX
Parai, senhor, vossa ira em breve já se amansa;
Deixai que vos entregue uma fácil vingança
Já não me reproveis que por tais crueldades
Eu queira conservar minhas vãs dignidades.
Deponho a vossos pés o seu espúrio lustre.
As que ouso desejar são de um teor mais ilustre;
Forçado vi-me a tal por um secreto encanto;
Cedo a um transporte novo e que me enche de espanto;
E, por uma impulsão feliz que não compreendo,
Da fúria, ao santo ardor de meu genro me rendo.
É ele, não duvideis, cujo sangue inocente
Por seu algoz invoca um Deus onipotente;
O amor que dele flui sobre toda a família,
Consigo arrasta o pai como arrastou a filha.
Se dele um mártir fiz, cristão ele me faz:
Dei-lhe a felicidade, e a minha ele me traz.
É assim que atesta a ira e se vinga um cristão!
Feliz rigor do qual os bens tão doces são!
Vem junto a mim, Paulina. Atai as nossas mãos;
Aos deuses imolai mais estes dois cristãos:
Somo-lo ambos nós; vossa fúria acatai.

Paulina
Com que ventura enfim reencontro meu pai!
Com tal transformação meu júbilo é perfeito.

Félix
Pertence, minha filha, àquele que a tem feito.

Severo
Quadro tão comovente, a quem não tocaria?
Sem um milagre, tal mudança não se cria.
Vossos cristãos, que em vão tentam destruir há anos,
De certo algo em si têm que transcende os humanos.
Com inocência tal levam sua casta vida,
Que alguma gratidão do céu lhes é devida.
Quanto abatidos mais, reerguer-se em rija forma,
Das virtudes comuns, também não é a norma;
Eu sempre os estimei, por mais que se falasse,
Jamais os vi morrer sem que em mim suspirasse;
E, a conhecê-los mais, talvez um dia venha.
Aprovo que cada um, livre, seus deuses tenha,
Que os sirva a seu feitio, e sem castigos mais.
Se sois cristão, meu ódio então já não temais.
Quero-lhes bem, Félix, e de seu protetor
Não farei, sobre vós, hoje um perseguidor.
Guardai vosso poder, reassumi sua marca,
Servi bem vosso Deus, servi nosso monarca.
Meu cargo perderei junto a sua Majestade,
Ou verei terminar essa severidade.
Ultraja-lhe o ódio injusto a glória já de sobra.

Polieucto

Félix
Digne-se o céu em vós arrematar sua obra,
E, para vos render o que ao valor se deve,
Possa vos inspirar sua verdade em breve.
Vamos, nós, a abençoar nossa santa aventura,
Seus mártires levar a digna sepultura,
Com fé e amor beijar sagrados corpos seus,
E em toda parte alçar o resplendor de Deus.

IMPRESSÃO E ACABAMENTO:
YANGRAF Fone/Fax: 6195.77.22
e-mail:yangraf.comercial@terra.com.br